Hamburg
Der besondere Stadtführer

Hamburg
Der besondere Stadtführer

111 Klassiker und Geheimtipps

Ellert & Richter Verlag

Inhalt

Vorwort
Die Innenstadt

1 Das Rathaus
2 Mittlerer Börsensaal der Handelskammer
3 Die Alsterarkaden
4 Die Hapag-Lloyd-Zentrale am Ballindamm
5 Café Paris
6 Der Türzieher von St. Petri
7 Die Hauptkirche St. Jacobi
8 Das Chilehaus
9 Das Afrikahaus
10 Der Laeiszhof
11 Das Mahnmal St. Nikolai
12 Die Deichstraße
13 Die Fleetinsel
14 Die Neustadt rund um den Großneumarkt
15 Die Hauptkirche St. Michaelis
16 Die Krameramtsstuben
17 Museum für Hamburgische Geschichte
18 Planten un Blomen
19 Die Galerie der Gegenwart
20 Museum für Kunst und Gewerbe
21 Das Hansa-Theater
22 Die Lange Reihe
   Die Innenstadt. Ein Rundgang

Speicherstadt und HafenCity

23 Die Speicherstadt
24 Miniatur Wunderland Hamburg
25 Dialog im Dunkeln
26 Das Internationale Maritime Museum
27 Die HafenCity
28 Kreuzfahrtterminal in der HafenCity

29 Die Elbphilharmonie
30 Die Hauptkirche St. Katharinen
31 Die Flussschifferkirche
   Speicherstadt und HafenCity. Ein Rundgang

Die Hafenkante: Von den Landungsbrücken bis Övelgönne
32 Der Hamburger Hafengeburtstag
33 Mit der U3 zu den Landungsbrücken
34 Die HADAG-Hafenfähren
35 Cap San Diego
36 Rickmer Rickmers
37 Feiern auf der MS Hedi
38 Der Alte Elbtunnel
39 Deutschlands nördlichster Weinberg
40 Der Fischmarkt
41 Dockland und Fischereihafen Restaurant
42 Museumshafen Oevelgönne
43 Die Strandperle in Övelgönne
44 Der alte Schwede

St. Pauli: Auf dem Kiez
45 Park Fiction/Antonipark
46 Die Davidwache
47 Die Große Freiheit
48 Am Spielbudenplatz
49 St. Pauli Museum
50 Die Gelötemanufaktur auf St. Pauli
51 Der Hamburger Dom
52 Der Trutzturm von St. Pauli
53 Das Schanzenviertel

An Außenalster und Alsterlauf
54 Die Außenalster
55 Eine Fahrt auf der Alster mit der St. Georg
56 The George Hotel
57 Das Literaturhaus am Schwanenwik

58 Das Museum der Arbeit in Barmbek
59 Die Jarrestadt
60 Der Stadtpark
61 Hayns Park
62 Auf dem Isemarkt
63 Die Grindelhochhäuser
64 Museum für Völkerkunde
65 Alsterlauf und -kanäle
66 Das Eppendorfer Moor
67 Der Althamburgische Gedächtnisfriedhof
68 Das Wellingsbüttler Torhaus
69 Das Rodenbeker Quellental
70 Duvenstedter Brook

Der Westen: Von Altona bis Blankenese
71 Der Altonaer Balkon
72 Heine-Haus und Plangesche Villa
73 Ottensen
74 Der jüdische Friedhof Königstraße
75 Der Dahliengarten im Volkspark
76 Tierpark Hagenbeck
77 Die Kirche des heiligen Prokop
78 Die Elbchaussee
79 Der Teufel bei Teufelsbrück
80 Jenischpark und Ernst Barlach Haus
81 Der Loki-Schmidt-Garten in Klein Flottbek
82 Hotel Louis C. Jacob
83 Der Hirschpark und das Witthüs
84 Op'n Bulln in Blankenese
85 Das Blankeneser Treppenviertel
86 Der Süllberg in Blankenese
87 Bismarckstein
88 Der Römische Garten in Blankenese
89 PuppenMuseum Falkenstein

Der Osten: Von Wandsbek bis Zollenspieker

90 Das Schimmelmann-Mausoleum
91 Lorichs' Elbkarte
92 Die Bille
93 Die Boberger Dünen
94 Das Bergedorfer Schloss
95 Die größte deutsche Sternwarte
96 KZ-Gedenkstätte Neuengamme
97 St. Johannis in Curslack
98 Das Rieck Haus in den Vierlanden
99 Hof Eggers in der Ohe
100 Die Riepenburger Mühle
101 Der Zollenspieker

Auf der anderen Seite der Elbe: Vom Grasbrook bis ins Alte Land

102 Das Hafenmuseum Hamburg
103 BallinStadt – Das Auswanderermuseum
104 Die Bunthäuser Spitze
105 Der Containerterminal Altenwerder
106 Arp-Schnitger-Orgel in Neuenfelde
107 Prunkpforten im Alten Land

Hamburg querbeet

108 Bauausstellung und Gartenschau
109 Die Balkenhol-Figuren
110 Hamburgs Luftschutzbunker erkunden
111 Die Hamburger Weihnachtsmärkte

Chronik
Register

Es riecht nach Meer
Vorwort

Was macht Hamburg zu einer Metropole, die selbst den Berliner Theaterkritiker Alfred Kerr zu dem Satz bewegte, Hamburg sei ohne Zweifel die schönste Großstadt in Deuschland? Ist es die einmalige Lage an Alster, Elbe, Bille? Sind es die Fleete und Kanäle, die die Stadt wie Adern durchziehen? Der hohe und weite Himmel, der Hamburg überspannt? Der Wind, der es hier nach Meer riechen lässt? Sind es die vielen kleinen und großen Pötte, die Containerriesen und Kreuzfahrtschiffe, die die Elbe hinauf- und hinunterziehen und die die Welt ins Tor zur Welt bringen?

Hamburg ist – wie Wolfgang Borchert schrieb – „mehr als Schiffssirenen, kreischende Kräne, Flüche und Tanzmusik – oh, das ist unendlich viel mehr". Wo sonst in Deutschland ist es mitten in der Großstadt so grün, wo sonst kann man vom Flussufer Großschiffe gucken und zum Beispiel der „Queen Mary 2" beim Auslaufen aus dem Hafen zuwinken? Und wo sonst entsteht ein nagelneuer Stadtteil mit einem so imposanten Wahrzeichen wie der Elbphilharmonie? Das Flair, das Besondere einer Stadt macht nicht nur ihre herausragende geografische Lage aus, es sind die ganz besonderen Orte, die einer Metropole erst das geben, was man Ausstrahlung nennt. Hamburg hat viele Highlights zu bieten. Es sind Klassiker, wie das Rathaus, die Landungsbrücken oder die Speicherstadt, es sind aber auch die Oasen, die diese Großstadt liebens- und lebenswert machen. Hamburg ist nicht nur hanseatisch, es ist szenig wie Ottensen mit seinen ehemaligen Fabriken, in denen jetzt Kinos, Restaurants, Bars und Büros zu finden sind, oder das Schanzenviertel mit seiner alternativen Lebensart.

Aus dem alten Hamburg ist eine neue Stadt geworden, die das Traditionelle bewahrt, in der sich aber auch immer mehr südländisches Lebensgefühl ausbreitet. Eine europäische Metropole, die sich selbstbewusst zur Schau stellt, in die ein Hauch von Übersee hineinweht, deren Lebensstil von Liberalität und Großzügigkeit geprägt ist.

Hier entstand das Buch: im Ellert & Richter Verlag, der im quirligen Hamburger Stadtteil Ottensen seinen Sitz hat

Der Ellert & Richter Verlag, der mitten im quirligen Stadtteil Ottensen seinen Sitz hat, stellt in diesem besonderen „Reiseverführer" seine Lieblingsstätten und seine stillen Winkel Hamburgs vor. Die Auswahl ist ganz bewusst auf 111 Orte begrenzt worden, was zu langen Redaktionssitzungen führte, weil die vorher erstellte Liste von Klassikern und Geheimtipps natürlich sehr viel länger war.
Entdecken Sie die Schönheiten und Geheimnisse Hamburgs neu!

Die Innenstadt

1 Das Rathaus
2 Mittlerer Börsensaal der Handelskammer
3 Die Alsterarkaden
4 Die Hapag-Lloyd-Zentrale am Ballindamm
5 Café Paris
6 Der Türzieher von St. Petri
7 Die Hauptkirche St. Jacobi
8 Das Chilehaus
9 Das Afrikahaus
10 Der Laeiszhof
11 Das Mahnmal St. Nikolai
12 Die Deichstraße
13 Die Fleetinsel
14 Die Neustadt rund um den Großneumarkt
15 Die Hauptkirche St. Michaelis
16 Die Krameramtsstuben
17 Museum für Hamburgische Geschichte
18 Planten un Blomen
19 Die Galerie der Gegenwart
20 Museum für Kunst und Gewerbe
21 Das Hansa-Theater
22 Die Lange Reihe
Die Innenstadt. Ein Rundgang

Die Regierungszentrale der Stadt
Das Rathaus

Das heutige Hamburger Rathaus ist bereits das sechste der Stadt. Mit dem Nachfolgebau des im Großen Brand von 1842 gesprengten alten Rathauses wurde 1886 begonnen. Das nach Entwürfen von Martin Haller und sechs weiteren Hamburger Architekten auf 4000 Rammpfählen errichtete, 113 Meter lange und 70 Meter tiefe Gebäude mit seinem 112 Meter hohen Turm verfügt über 647 Räume. In einem davon, in der Ratsstube, versammelt sich an jedem Dienstagmorgen der Senat, das Regierungskabinett der Hansestadt. Natürliches Licht fällt in die Ratsstube nur von oben, in der Hoffnung, der Senat werde dadurch „erleuchtet".

Hier tagt die Bürgerschaft: der Plenarsaal.

Das 1897 eingeweihte Hamburger Rathaus im Stil der Neorenaissance gilt als bedeutendes Beispiel historistischer Repräsentationsarchitektur. In seinen zahlreichen Sälen, die in verschiedenen historischen Stilen ausgestattet sind, finden sich Bezüge zur hamburgischen Geschichte, aber auch zum bürgerlichen Selbstbewusstsein des Stadt-

---

Wo: Rathausmarkt 1, 20095 Hamburg-Altstadt
Wann: Besichtigungen Mo bis Fr 7–19 Uhr, Sa 10–18 Uhr, So 10–17 Uhr; Führungen halbstündlich Mo bis Fr 10–15 Uhr, Sa 10–17 Uhr, So 10–16 Uhr
Highlights: Die Ratsstube, der Große Festsaal, der Plenarsaal der Bürgerschaft, der Hygieia-Brunnen im Innenhof
Infos: Führungstermine Tel. 0 40/4 28 31-24 70 (Ansageband), Anmeldung Führungen Tel. 0 40/4 28 31-20 64; www.hamburg.de/rathaus-hamburg, „Hamburg Lexikon" (Ellert & Richter Verlag)
Eintritt: Frei; Führungen 3 €, Kinder bis 14 Jahre 50 Cent, Familien 6 €
Anfahrt: S1, S3, U1, U2, U4 Jungfernstieg, U3 Rathaus

Die Innenstadt

Das 1897 eingeweihte Hamburger Rathaus

staats. Dafür stehen der Saal der Republiken, der Bürgermeistersaal, die Gleichberechtigung symbolisierende ebenerdige Rathausdiele und der Große Festsaal, in dem umgeben von mächtigen Wandgemälden, die die Geschichte der Stadt dokumentieren, große Empfänge und das Matthiae-Mahl stattfinden, zu dem der Senat seit 1356 alljährlich im Februar lädt.

Ganz besonders eindrucksvoll ist der Bürgermeistersaal mit seinen vier Marmorbüsten von Bürgermeistern und dem ihn dominierenden Gemälde von Hugo Vogel, das die Mitglieder des Senats bei der Einweihung des Rathauses zeigt. Nichts unterscheidet die Bürgermeister von den Senatoren – ein symbolisches Bild für eine Stadtrepublik, in der der Erste Bürgermeister nur „primus inter pares" (Erster unter Gleichen) ist. Wenn keine Staatsbesuche stattfinden, werden täglich ab 10 Uhr Führungen angeboten (auch in englischer und französischer Sprache). Einmal im Monat gibt es eine Führung auf Plattdeutsch (sehr beliebt, unbedingt vorher anmelden unter Tel. 0 40/ 4 28 31-34 05).

25 Meter hoch
Mittlerer Börsensaal der Handelskammer

Das 1897 vollendete Rathaus **(1)** der Hansestadt und das spätklassizistische Gebäude der Handelskammer bilden ein großartiges bauliches Ensemble in der Innenstadt. Die Neue Börse wurde 1841 eingeweiht. Den verheerenden Stadtbrand von 1842 überstand das 51 Meter breite und 71 Meter lange Handelszentrum weitgehend unversehrt. Erweiterungsbauten Ende des 19. und zu Beginn des 20. Jahrhunderts folgten. Mit seinen 664 Quadratmetern Fläche und 25 Metern Höhe ist der prachtvolle, von Carl Ludwig Wimmel unter Assistenz seines Mitarbeiters Franz Gustav Joachim Forsmann konzipierte Mittlere Börsensaal die größte Halle des Handelskammergebäudes.
Bereits kurz nach Ende des Zweiten Weltkriegs gab es Initiativen zur Restaurierung des Mittleren Börsensaals, der nach einem Bombenangriff 1941 ausgebrannt war. Schon 1951 konnte der Saal zusammen mit den angrenzenden Räumen wieder seiner ursprünglichen Bestimmung übergeben werden. Greifenfriese schmücken außen und innen die Wandflächen. Der Saal wird mehrmals wöchentlich für Veranstaltungen, Messen, Hauptversammlungen oder Ausstellungen genutzt.
Die Handelskammer geht auf die Commerz-Deputation zurück, die im 17. Jahrhundert von Hamburger Kaufleuten gegründet wurde, um mit Geldern aus dem „Convoy-Zoll" Kriegsschiffe zur Bekämpfung der Piraterie zu bauen und in Dienst zu stellen. Mehrere Modelle dieser Schiffe sind im Foyer der Handelskammer zu bewundern, ein weiteres im Internationalen Maritimen Museum **(26)**.

Der 25 Meter hohe Mittlere Börsensaal ist mit einer Fläche von 664 Quadratmetern die größte Halle des Gebäudes.

Wo: Handelskammer, Adolphsplatz 1, 20457 Hamburg-Altstadt
Wann: Geöffnet (wenn keine Veranstaltungen stattfinden) Mo bis Do 8–17 Uhr, Fr 8–18 Uhr
Infos: Tel. 0 40/3 61 38-1 38, www.hk24.de
Anfahrt: S1, S3 Stadthausbrücke oder Jungfernstieg, U3 Rathaus

Die Innenstadt

Wo Hamburg Italien atmet
Die Alsterarkaden

Vor allem im klaren Licht der Wintersonne vermitteln die Alsterarkaden am Rathausmarkt einen Hauch von Italien. Einen kurzen Moment wähnt man sich auf dem Markusplatz in Venedig. Wohlproportionierte Arkadengänge, die prachtvoll ausgestattete Neorenaissance-Fassade des Rathauses, gemütliche Cafés direkt an der Kleinen Alster und am Alsterfleet, der weite Blick über die Binnenalster: Urlaubsstimmung kommt auf.
Die harmonischen Bogengänge schuf Alexis de Chateauneuf. Nach dem Großen Brand 1842, der große Teile der Altstadt vernichtet hatte, wurde der Architekt mit der Neugestaltung des Rathausmarkts beauftragt. Der Bau eines Regierungsgebäudes war jedoch nicht leicht zu realisieren, zu viele Interessen galt es zu berücksichtigen. So wurden 1844 bis 1846 nur Chateauneufs Entwürfe für die Alsterarkaden um-

Alsterschwäne auf der Kleinen Alster

gesetzt. Dabei mussten wie in Venedig zunächst zahllose Buchenholzpfähle in den sumpfigen Boden getrieben werden, um den neuen Bauten Halt zu geben. Doch nicht nur ihre historischen Putzfassaden sind sehenswert, auch ein Blick hinter die Kulissen lohnt sich. Denn die Häuserzeile zwischen den Arkaden und dem Neuen Wall birgt Hamburgs

Wo: Direkt am Alsterfleet zwischen Schleusenbrücke, Jungfernstieg und Neuem Wall, 20354 Hamburg-Neustadt
Wann: Ganzjährig
Highlight: Venezianischer Kurzurlaub mitten in Hamburg
Anfahrt: S1, S3, U1, U2, U4 Jungfernstieg, U3 Rathaus

Die Innenstadt

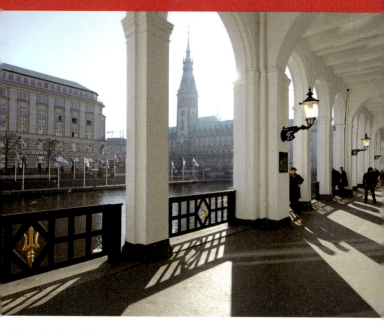

Italien in Hamburg: Blick von den Alsterarkaden auf Rathausmarkt und Rathaus

älteste Einkaufsmeile, die Mellin-Passage, die ebenfalls Mitte des 19. Jahrhunderts entstand. Bei einem Brand in der Silvesternacht 1989/90 wurde sie schwer beschädigt, doch ihre Deckenmalerei mit Jugendstilornamenten ist zum Glück aufwendig rekonstruiert worden. Wer sich eine erholsame Abwechslung im Einerlei der so häufig austauschbaren Shoppingzentren wünscht, ist hier genau richtig. Hanseatisch geprägten Stil findet man zum Beispiel im englischen Kleidermagazin Ladage & Oelke, das bereits 1845 gegründet worden ist. Und wer ein ausgezeichnetes Buch abseits der üblichen Bestsellerlisten sucht, wird gut beraten in der Buchhandlung Felix Jud, die vor allem in den Bereichen Kunst und Literatur hervorragend sortiert ist.

„Mein Feld ist die Welt"
Die Hapag-Lloyd-Zentrale am Ballindamm

Am Ballindamm befindet sich die Firmenzentrale der vom ehemaligen Generaldirektor Albert Ballin (1857–1918) geprägten Hapag (Hamburg-Amerikanische Packetfahrt-Actien-Gesellschaft), der einst größten Reederei der Welt, heute Hapag-Lloyd AG. Ballins Motto „Mein Feld ist die Welt" steht in großen Lettern über dem Treppenaufgang des vom Rathaus-Architekten Martin Haller im modischen Neorenaissancestil 1901 bis 1903 errichteten und von Fritz Höger (1921) erweiterten Verwaltungsgebäudes. Das waren noch Zeiten, als die First-Class-Passagiere vom Ballindamm aus (der bis 1947 Alsterdamm hieß) durch die Eingangshalle der Firmenzentrale gingen und dort persönlich empfangen wurden, wenn sie eine Schiffspassage buchten. Die anderen Reisenden betraten das Gebäude an der Ferdinandstraße. Hier sind Fassade und Eingang ohne wesentliche Umbauten erhalten geblieben. Innen erinnert eine bronzene Porträtbüste an den ehemaligen Direktor der Hapag. Dieser auch Ballinhalle genannte Bereich wird ergänzt durch ein Modell des Dampfers „Imperator", 1912

Albert Ballin, Generaldirektor der Hapag, Ölgemälde von Henry L. Geertz

Wo: Ballindamm 25, 20095 Hamburg-Altstadt
Wann: Von außen jederzeit, innen zu den Geschäftszeiten
Highlights: Fassade an der Ferdinandstraße, Modell des Dampfers „Imperator"
Infos: Tel. 0 40/30 01-0, www.hapag-lloyd.com (Über uns/Geschichte)
Anfahrt: S1, S3, U1, U2, U4 Jungfernstieg

Die Eingangshalle der Firmenzentrale von Hapag-Lloyd

vom Stapel gelaufen und seinerzeit das größte Schiff der Welt. Ihm gegenüber befindet sich das Modell der „Hamburg Express", 2001 in Dienst gestellt, 320 Meter lang und mit einem Fassungsvermögen von 7500 Standardcontainern. Im hinteren Teil steht auf einem Marmorsockel die Glocke des Dampfers „Cimbria", der 1883 vor Borkum gerammt wurde und mit dem 400 Menschen in den Tod gerissen wurden. Darüber hinaus beeindrucken zwei Gemälde, von denen das eine die beiden ersten Segelschiffe der Reederei zeigt, das andere einen Teil der Flotte des Unternehmens um 1860.

Aber das ist lange her. Heute werden die von Albert Ballin erfundenen Kreuzfahrten per Internet gebucht. In diesem Zweiggeschäft ist die 1970 aus der Hapag und dem Norddeutschen Lloyd in Bremen entstandene Hapag-Lloyd AG ebenso engagiert wie in weiteren touristischen Aktivitäten und dem Bereedern großer Container- und anderer Schiffe, die ihre blau-orangefarbene Reedereiflagge am Signalmast oberhalb der Brücke führen.

Ein bisschen Frankreich
Café Paris

Wunderbar! Paris in Hamburg – mit viel Atmosphäre, gutem Essen und pulsierendem Leben. Eine ehemalige Schlachterei von 1882 wurde im Jahr 2000 in ein typisch französisches Restaurant der vorletzten Jahrhundertwende verwandelt: Pariser Flair, kleine Bistrotische und ein langer Bartresen. Am schönsten ist es hier im großen Saal mit seiner original erhaltenen Jugendstil-Decke. Auf ihr werden Schifffahrt, Handel, Industrie und Landwirtschaft kunstvoll illustriert. Die Szenerie ist fröhlich und ausgelassen und großstädtisch. Wer allerdings in Ruhe essen und sich auch noch mit seinen Nachbarn unterhalten möchte, ohne dass jeder mithört, der ist im „Café Paris" fehl am Platz. Denn importiert wurde nicht nur französische Lebensart, sondern auch die Tradition der zu eng zusammengestellten Tische. Die Küche arbeitet Langstrecke – von 9 bis 23.30 Uhr, mit Frühstücksvariationen, Mittagstisch (zum Beispiel Lyoner Wurst auf Linsen), kleiner Barkarte und übersichtlicher, aber ambitionierter Abendkarte. Probieren Sie die Klassiker der Bistroküche: Steak frites oder Tartar, très bon.

Der große Saal mit Bartresen und Jugendstildecke

Wo: Rathausstraße 4, 20095 Hamburg-Altstadt
Wann: Mo bis Fr 9–23.30 Uhr, Sa/So 9.30–23.30 Uhr
Highlights: Jugendstildecke im großen Saal, die internationale Atmosphäre
Infos: Tel. 0 40/32 52 77 77, www.cafeparis.net
Anfahrt: S1, S3, U1, U2, U4 Jungfernstieg, U3 Rathaus

Die Innenstadt

Hamburgs ältestes Kunstwerk
Der Türzieher von St. Petri

Auch wer sich nicht in die Kirche hineintraut oder nur kurz beim Shoppingbummel vorbeikommt, hat bei St. Petri an der Mönckebergstraße die Chance, mit Hamburgs ältestem Kunstwerk Bekanntschaft zu machen – und es sogar anzufassen. An der linken Tür des Hauptportals befindet sich ein bronzener Türzieher mit Löwenkopf. Die Umschrift weist auf die Grundsteinlegung des Turms im Jahr 1342 hin. Nicht verwechseln: Das Pendant auf der rechten Tür ist eine Nachbildung!

St. Petri ist die älteste der fünf Hamburger Hauptkirchen. Als Marktkirche wurde sie 1195 zum ersten Mal urkundlich erwähnt. Zwischen 1310 und 1320 erfolgte ein Neubau als dreischiffige gotische Hallenkirche, erst 1516 war der Turm vollendet.

1604/05 wurde im Seitenschiff ein Renaissanceportal errichtet, das heute im Innenhof des hamburgmuseums – Museum für Hamburgische Geschichte (17) zu sehen ist.

Wie viele Gebäude in der Hamburger Innenstadt fiel auch der mittelalterliche Bau von St. Petri dem Großen Brand von 1842 zum Opfer. Auf den alten Fundamenten errichtete der Architekt Alexis de Chateauneuf nur wenige Jahre später einen Neubau nach historischem Vorbild – eine dreischiffige Hallenkirche mit Kreuzrippengewölben.

Den 132 Meter hohen Kirchturm kann man bis in 123 Meter Höhe besteigen (höchster Aussichtsturm Hamburgs!). Durch die bullaugenförmigen Fenster bietet sich ein grandioser Blick auf die ganze Stadt.

Wo: Mönckebergstraße Ecke Bergstraße, 20095 Hamburg-Altstadt
Wann: Kirche geöffnet Mo bis Fr 10–18.30 Uhr, Mi bis 19 Uhr, Sa 10–17 Uhr, So 9–20 Uhr; Turmbesteigung Mo bis Sa 10–17 Uhr, So 11.30–17 Uhr (letzter Einlass im Petri-Shop 16.30 Uhr)
Highlight: Die Aussicht aus 123 Metern Höhe auf Hamburg
Infos: Tel. 0 40/32 57 40-0, www.sankt-petri.de
Eintritt: Turmbesteigung 3 €, Kinder 1 €
Anfahrt: S1, S3, U1, U2, U4 Jungfernstieg, U3 Rathaus

Zum Anfassen: Hamburgs ältestes Kunstwerk

Von der ursprünglichen Ausstattung des Kircheninneren ist verständlicherweise nicht viel erhalten. Das bedeutendste Stück allerdings – der ehemalige Hochaltar – hat den Großen Brand überlebt, weil er der St.-Petri-Gemeinde im 18. Jahrhundert nicht mehr gefiel und sie ihn an die Kirche des mecklenburgischen Städtchens Grabow verschenkte. Der erste Kunsthallendirektor Alfred Lichtwark sorgte dafür, dass der prachtvolle gotische Flügelaltar mit seinen 24 Tafelbildern und 79 Schnitzfiguren, ein Hauptwerk von Meister Bertram (1340–1414/15), nun in der Hamburger Kunsthalle **(19)** zu bewundern ist.

Jeden Mittwoch von 17.15 bis 18 Uhr lockt die beliebte Stunde der Kirchenmusik Passanten, Musikfans und Berufstätige nach Feierabend in das Kirchenschiff von St. Petri. Die kostenlose Konzertreihe wird seit 1948 von Kirchenmusikern, Chören und Instrumentalensembles aus ganz Hamburg, aber auch von auswärtigen Gästen gestaltet.

Hamburg auf dem Jakobsweg
Die Hauptkirche St. Jacobi

Bei „Jakobsweg" denkt man wohl eher an sengende Sonne über spanischen Bergen als an die Mönckebergstraße. Aber bei näherem Nachdenken leuchtet es ein: Die Kirche St. Jacobi ist dem heiligen Jacobus geweiht, zu dessen Grab in Santiago de Compostela seit Jahrhunderten die Pilger ziehen. Schon zur Zeit der ersten Erwähnung im Jahr 1255 war die Hamburger Jacobikirche Anlaufstelle für reisende Kaufleute und Jakobspilger. Heute kann man hier an Pilgervespern teilnehmen und sich den offiziellen Jakobsweg-Pilgerstempel abholen. Seit ein paar Jahren markieren 85 stilisierte gelbe Jakobsmuscheln auf blauem Grund den „Hamburger Jakobsweg" vom Winterhuder Fährhaus über Leinpfad, östliches Alsterufer, Lange Reihe (22) und die Innenstadt, vorbei an Fischmarkt (40) und Altonaer Balkon (71) bis Övelgönne (42–44). Er ist Teil des historischen Jakobswegs „Via Baltica", der von Usedom über Lübeck, Hamburg, Wedel bis Osnabrück führt. Musikinteressierten ist St. Jacobi vor allem wegen der berühmten Arp-Schnitger-Orgel von 1693 ein Begriff – die größte in ihrem klingenden Bestand erhaltene Barockorgel norddeutschen Typs; zu Arp Schnitger siehe auch (106). Sogar Johann Sebastian Bach interessierte sich einst für das Organistenamt an St. Jacobi, zog seine Bewerbung aber zurück, als er hörte, dass dafür eine Spende in vierstelliger Höhe für die Kirchenkasse erwartet wurde – Pech für Hamburg, Glück für Leipzig. Der Zerstörung im Zweiten Weltkrieg entgingen die Orgelpfeifen durch Auslage-

Wo: Steinstraße, 20095 Hamburg-Altstadt (von der Mönckebergstraße kommend hinter C&A und Schuh Elsner)
Wann: Kirche geöffnet April bis September Mo bis Sa 10–17 Uhr, Oktober bis März 11–17 Uhr, So und kirchliche Feiertage nach dem Gottesdienst (Beginn 10 Uhr); Turmcafé 1. Sa im Monat 12–18 Uhr
Highlights: Die Arp-Schnitger-Orgel, das Turmcafé
Infos: Tel. 0 40/30 37 37-0, www.jacobus.de
Anfahrt: U3 Mönckebergstraße

Die Arp-Schnitger-Orgel von 1693 in St. Jacobi (Detailansicht)

rung; nach teils unsachgemäßem Wiederaufbau wurde das Instrument 1987 bis 1993 mustergültig restauriert. Jeden Donnerstag um 12 Uhr finden kostenlose Orgelführungen mit Hörbeispielen statt.

Von den vielen Kunstschätzen besonders interessant: Joachim Luhns „Ansicht der Stadt Hamburg von der Elbseite" (1681) im nördlichen Seitenschiff. Ursprünglich hing das sieben Meter lange Gemälde in der Ratsstube des alten Rathauses.

Seit zwanzig Jahren öffnet das beliebte Turmcafé von Mai bis Oktober am ersten Sonnabend im Monat von 12 bis 18 Uhr seine Pforten. Außer Kuchen und fair gehandeltem Kaffee genießt man dort in 84 Meter Höhe eine herrliche Aussicht auf Hafen, Speicherstadt **(23)**, Rathaus **(1)**, Alster **(54)** mit Segelschiffen und Alsterdampfern, in der Ferne Eppendorf und Winterhude. Die Einnahmen kommen der Obdachlosenhilfe und anderen wohltätigen Zwecken zugute.

Ein Haus wie ein Schiff
Das Chilehaus

Es ist eines der bedeutendsten Bauwerke seiner Zeit – und zugleich eines der ungewöhnlichsten. Der Klinkerbau mit seiner einem Schiffsbug gleichenden Ostecke wurde von 1922 bis 1924 als Kontorhaus von Fritz Höger errichtet und gilt seither als Ikone des Expressionismus in der Architektur. Um den massigen Gesamteindruck des Gebäudes abzumildern, dessen 36 000 Quadratmeter Geschossfläche sich über zehn Stockwerke verteilen, ließ Höger die oberen Etagen als Staffelgeschoss errichten.

Das extravagante Chilehaus sollten Sie nicht nur von außen bewundern. Gehen Sie hinein – möglichst durch Portal A oder B von der Fischertwiete. Beide Treppenhäuser sind Kunstwerke, die sich zwar nicht in ihrer räumlichen Aufteilung, aber in den Materialien, mit denen die Wände verkleidet sind, unterscheiden. Die Entdeckungsreise durch das seinerzeit „größte Geschäftshaus der Elbhansestadt" kann hier beginnen und sich bis zu den oberen Stockwerken fortsetzen, in denen die Treppenaufgänge allerdings sparsamer dekoriert sind.

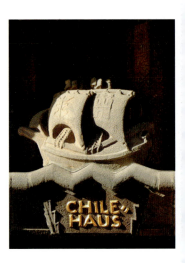

Detail am Nordportal

Wie ein Schiffsbug – das Chilehaus

Wo: Burchardplatz 1 oder Fischertwiete 2, 20095 Hamburg-Altstadt
Wann: Innen nur während der Geschäftszeiten
Highlights: Die Ostfassade, die Treppenhäuser
Anfahrt: U3 Mönckebergstraße, U1 Meßberg

27 Die Innenstadt

Elefanten in Hamburg
Das Afrikahaus

Man könnte glauben, hier sei der Einlass zu Hagenbecks Tierpark. Irrtum, die Bronzestatue des afrikanischen Kriegers am Haupteingang und die lebensgroßen Elefantenskulpturen am Portal zum Hinterhaus bewachen das Gebäude der Handelsfirma und ehemaligen Reederei C. Woermann. Sie hat schon seit der Gründung 1837 an dieser Stelle ihren Sitz. Das Afrikahaus entstand 1899 nach Entwürfen von Martin Haller, der zum Beispiel auch das Rathaus **(1)**, das Hapag-Gebäude am Ballindamm **(4)**, die Laeiszhalle (Musikhalle) und viele Villen plante. Außerdem entwickelte er den Prototyp der Hamburger Kontorhäuser: den 1967 leider abgerissenen Dovenhof. Das Afrikahaus kombiniert als Kontorhaus moderne Bautechnik mit Zweckmäßigkeit und hat eine von historischen Vorbildern unabhängige Fassadengestaltung: eine schlicht gemusterte Keramikverkleidung in den Farben der Woermann'schen Reedereiflagge.

Die künstlerische Gestaltung des Gebäudes mit afrikanischen Motiven soll die überseeischen Handelsbeziehungen der Firma unterstreichen, die im deutschen Kolonialismus eine wichtige Rolle spielte. Auf Betreiben des damaligen Firmenchefs Adolph Woermann wurde 1884 Kamerun deutsches „Schutzgebiet", seit 1885 florierte die „Afrikanische Dampfschiffs-Actiengesellschaft Woermann-Linie", seit 1890 führte Woermann die Geschäfte der Deutschen Ost-Afrika Linie. In dem denkmalgeschützten, 1999 restaurierten und modern ausgestatteten Gebäude an der Großen Reichenstraße in Hamburg arbeiten heute auch viele andere Firmen. Im Innenhof lädt das Restaurant „estancia steaks" zum Verweilen ein.

Blick in den Innenhof des Afrikahauses auf das von zwei Elefanten bewachte „Elefantenhaus"

Wo: Große Reichenstraße 27, 20457 Hamburg-Altstadt
Wann: Von außen jederzeit, innen zu Geschäftszeiten
Infos: Tel. 0 40/3 28 11 10 (C. Woermann GmbH), www.afrika-haus.de
Anfahrt: U1 Meßberg, U3 Rathaus

Die Innenstadt

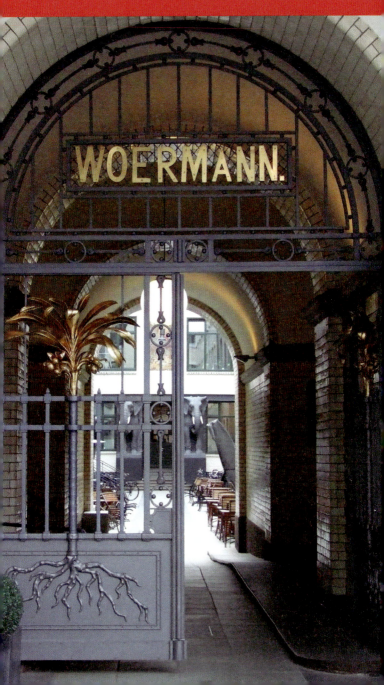

Pudel und Paternoster
Der Laeiszhof

Schaut man von der Zollenbrücke oder der Straße Bei der Alten Börse über das Nikolaifleet auf die Backsteinfassade des Laeiszhofs, Sitz der Hamburger Traditionsreederei F. Laeisz (sprich „Leiß"), erblickt man auf der Spitze des Giebels zwischen den zwei Türmen etwas Kleines, Blaugrünes. Man schaut genauer hin, zoomt vielleicht mit der Kamera ran – was ist denn das, ein Hund? Ja, genau gesagt: ein Pudel.

Die Firmengeschichte erklärt die Figur so: Die Ehefrau des berühmten Reeders Carl Laeisz (1828–1901) wurde wegen ihrer krausen Haare zeitlebens „Pudel" genannt (eigentlich hatte sie den schönen Namen Sophie). So kam der Hund auf den Giebel – und 1857 eine hölzerne Bark der Reederei zu ihrem Namen. Seitdem erhalten alle Laeisz-Schiffe – bis heute – den Anfangsbuchstaben P. Viele schrieben als Fly-

ing-P-Liner Seefahrtsgeschichte, da die Großsegler in manchmal nur 146 Tagen die weite Strecke von Hamburg nach Chile zurücklegten. Mit solchen „Salpeterfahrten" (Import von Guano als Düngemittel) erlangte die Reederei nicht nur Weltruhm, sondern machte Ende des 19. und Anfang des 20. Jahrhunderts auch viel Geld. Das investierte sie in neue Schiffe, aber auch in den Bau der Hamburger Musikhalle, die heute wieder Laeiszhalle heißt, und in das imposante Kontorhaus an der Trostbrücke, das 1898 unter Beteiligung des Rathausarchitekten Martin Haller entstand. In den Laeiszhof zogen neben der Reederei viele Seeversicherer als Mieter ein.

Äußerlich ähnelt das Gebäude den Speicherfronten, die das Nikolaifleet bis zum Zweiten Weltkrieg bestimmten. Statuen Wilhelms I., Otto von Bismarcks und der preußischen General-

Wo: Trostbrücke 1, 20457 Hamburg-Altstadt
Wann: Außen jederzeit, innen zu Geschäftszeiten
Highlight: Das Treppenhaus mit Paternoster
Infos: Tel. 0 40/36 80 80, www.laeisz.de (Startseite, dann Historie)
Anfahrt: U1 Meßberg, U3 Rathaus oder Rödingsmarkt

Die Innenstadt

Der Laeiszhof links mit dem Nikolaifleet, dem Haus der Patriotischen Gesellschaft in der Bildmitte und der Rückansicht des Commerzbankgebäudes

feldmarschälle Roon und Moltke über dem Hauptportal stellen überregionale Bezüge her.
Seine ganze Pracht entfaltet das Kontorhaus aber erst, wenn man hineingeht. Die Eingangshalle mit ihrer hufeisenförmigen weiten Treppe vermittelt architektonische Geschlossenheit und eine verhaltene Großzügigkeit, die für hanseatische Kaufleute typisch war und ist. In der Halle steht ein Werk des Bildhauers Caesar Scharff, das drei Generationen der Reederfamilie Laeisz zeigt: Ferdinand, Carl und Carl Ferdinand Laeisz. Der Seemann, der Werftarbeiter und eine Allegorie auf das Versicherungswesen verschmelzen in der Bronze zu einem Symbol für die Entfaltung hanseatischer Macht.

Da das Gebäude noch heute der Firmensitz der Reederei F. Laeisz ist, der inzwischen Containerschiffe, Massengutfrachter und Spezialschiffe gehören, empfiehlt sich bei einem Besuch entsprechend hanseatisches Benehmen. Das gilt natürlich auch für die Benutzung des Paternosters (Baujahr 1950), der die fünf Stockwerke des Kontorhauses erschließt. Zur Geschichte der Hamburger Paternoster siehe **(63)**.

Wer hoch hinauswill
Das Mahnmal St. Nikolai

Wer Hamburg von oben sehen möchte, muss sich nicht unbedingt in einen Fesselballon stellen oder gar zahllose Treppenstufen emporsteigen. Sehr viel einfacher und vor allem barrierefreier kann man das Panorama über die Stadt vom Kirchturm des Mahnmals St. Nikolai aus betrachten. Ein gläserner Lift bringt Sie in kaum einer Minute auf die Aussichtsplattform in 76 Metern Höhe. An Wasserspeiern und gotischem Turmschmuck vorbei erscheinen die grünen Dächer der Speicherstadt **(23)** und die HafenCity **(27)** ebenso wie die Innenstadt plötzlich ganz nah. Bemerkenswert sind auch die historischen Aufnahmen Hamburgs, die hier zum direkten Vergleich angebracht wurden.

St. Nikolai wurde 1195 als kleine Hafenkapelle gegründet und war damit eine der ältesten Kirchen Hamburgs. Sie war dem heiligen Nikolaus geweiht, dem Schutzpatron der Seefahrer und Reisenden. Das am Nordrand des Hopfenmarkts gelegene Gotteshaus wurde bis 1353 zu einer großen Hallenkirche ausgebaut.
Nach der Zerstörung im Großen Brand 1842 wurde sie als neogotischer Prachtbau bis 1874 wiedererrichtet und war mit 147,3 Metern damals tatsächlich das höchste Gebäude der Welt – allerdings nur drei Jahre lang, bis die Kathedrale von Rouen fertiggestellt war.
Bei den Luftangriffen auf Hamburg im Zweiten Weltkrieg wurde die Kirche im Juli 1943 weit-

Wo: Willy-Brandt-Straße 60, 20457 Hamburg-Altstadt
Wann: Dokumentationszentrum und Panoramalift Mai bis September täglich 10–20 Uhr, Oktober bis April täglich 10–17 Uhr
Highlights: Gruppenbilder/Schnappschüsse vor gotischen Wasserspeiern machen, Carillon-Konzerte jeden Do 12 Uhr, April bis Oktober auch jeden Sa 17 Uhr
Infos: Tel. 0 40/37 11 25, www.mahnmal-st-nikolai.de
Eintritt: 3,70 € (ermäßigt 2,90 €), Kinder 6 bis 16 Jahre 2 €, darunter frei
Anfahrt: S1, S3 Stadthausbrücke, U3 Rödingsmarkt

Blick auf den 147,3 Meter hohen Turm von St. Nikolai, einst das höchste Gebäude der Welt. Im Hintergrund der Hamburger Hafen mit der Köhlbrandbrücke

gehend zerstört. Sie wurde nicht wieder aufgebaut, sondern die Hauptkirche St. Nikolai wurde 1962 als Neubau in den Stadtteil Harvestehude an den Klosterstern verlegt.
Die Ruine ist heute Mahnmal für die Opfer von Krieg und Gewaltherrschaft. In einem Dokumentationszentrum wird eine Dauerausstellung zum Luftkrieg über Hamburg gezeigt. Was waren die Ursachen und Folgen? Was bedeutet Krieg damals wie heute für die Bevölkerung? Wie gehen wir mit der Erinnerung an die Opfer des Zweiten Weltkriegs um?
Mit regelmäßigen Veranstaltungen ist das Mahnmal St. Nikolai ein Zentrum für Frieden und Völkerverständigung. Es ist getragen von einer Bürgerinitiative und finanziert sich ausschließlich aus Eintrittsgeldern, Mitgliedsbeiträgen und Spenden. Besonders zu empfehlen sind die regelmäßig stattfindenden Carillon-Konzerte. Im Unterschied zu den meist automatisch angeschlagenen Glockenspielen wird das Carillon in St. Nikolai per Hand gespielt, wodurch sich die Lautstärke des Glockenschlags variieren lässt.

Wo der Große Brand begann
Die Deichstraße

Wer Hamburg durchstreift, hat nicht allzu oft Gelegenheit, im Stadtbild Spuren vom Alltagsleben in der älteren Vergangenheit zu entdecken. Brandkatastrophen, Krieg und Modernisierung haben viele dieser Spuren ausgelöscht. Eines der wenigen erhaltenen Zeugnisse des alten Hamburgs ist die 1304 erstmals erwähnte „Dikstrate" westlich vom Nikolaifleet. Der Straßenname zeugt von dem Deich, der dort im Rahmen einer Stadterweiterung um 1200 gebaut wurde und auf dessen Krone die Straße verläuft. Häuser und Speicher wurden auf der Binnen- und der Außenseite des Deichs errichtet. Die Rückseite der Außendeichhäuser reicht direkt an das Nikolaifleet, Fleetgänge ermöglichen den Zugang zum Wasser. Hier stellten ehemals viele Braubetriebe Bier für den Export her. Heute ist die Deichstraße durch die sechsspurige Ost-West-Straße (die in diesem Abschnitt Willy-Brandt-Straße heißt) vom Leben in der City abgeschnitten und zwischen modernen Bürobauten versteckt. Ohne die Initiative des Vereins „Rettet die Deichstraße" gäbe es sie wohl gar nicht mehr. Von der Innenstadt her erreicht man sie über eine Fußgängerbrücke, die den tosenden Verkehr auf der Willy-Brandt-Straße quert – und betritt eine andere Welt: rechts und links Speicher und Bürgerhäuser aus dem 17. und 18. Jahrhundert, dazwischen stilistisch angepasste Neubauten, die das Flair des barocken Ensembles bewahren.

Das 1686 erbaute Alt-Hamburger Bürgerhaus Deichstraße 37 mit seiner typischen Diele mit bemalter Balkendecke wurde beispielhaft wiederhergestellt und mit zeitgenössischen Möbeln eingerichtet (heute Restaurant). Der „Bardowicker Speicher" Deich-

---

Wo: Deichstraße, Hamburg-Altstadt
Wann: Jederzeit
Highlight: Diele und Balkendecke des Alt-Hamburger Bürgerhauses
Infos: www.deichstrassehamburg.de
Anfahrt: U3 Rödingsmarkt oder Baumwall

Eines der wenigen Zeugnisse des alten Hamburgs: die Deichstraße vom Nikolaifleet aus gesehen

straße 27 aus dem Jahr 1780 ist der älteste noch erhaltene Hamburger Speicher. In der Deichstraße 42 nahm am 5. Mai 1842 das Verhängnis seinen Anfang: Bei einem Zigarrenmacher brach Feuer aus, griff auf das gegenüberliegende Haus Deichstraße 25 über und breitete sich von dort Richtung Nordosten aus. Dieser „Große Brand" vernichtete schließlich fast ein Drittel der Hamburger Innenstadt. Daran erinnern am Haus Nr. 25 mit seinem Spätrenaissance-Portal von 1659 eine Gedenktafel und das Restaurant „Zum Brandanfang". Überhaupt sollte man es – der alten Brautradition der Straße folgend – nicht versäumen, in den vielen gemütlichen althamburgischen Kneipen und Restaurants einzukehren, die hier zum Besuch einladen.

13 Die Innenstadt

Hamburg im Fluss
Die Fleetinsel

Fleet kommt von „fließen" und bezeichnet in Hamburg die Kanäle, die die Mündungsarme von Alster und Bille in die Elbe leiten. Auf ihnen wurden früher die Waren zwischen den innerstädtischen Speichern und dem Hafen in kleinen flachen Schiffen, den Schuten, hin- und hertransportiert. Außerdem dienten sie der Wasserentnahme und der Abfallentsorgung (beides gleichzeitig ... man denkt besser nicht so genau darüber nach). Zwischen Herrengraben- und Alsterfleet, Stadthausbrücke und Baumwall liegt die „Fleetinsel", genau auf der Grenze zwischen Alt- und Neustadt. Von den früheren Speichern und Kontorhäusern sind hier nur Reste erhalten, zum Beispiel zwischen Michaelisbrücke/Heiligengeistbrücke und der Herrengrabenbrücke. Anfang der 1990er-Jahre entstanden Neubauten wie der Fleethof, das Deutsch-Japanische-Zentrum und das Steigenberger Hotel. Man erreicht das attraktive Ensemble historischer und hochmoderner Gebäude in der Fortsetzung des Neuen Walls und über verschiedene Brücken von der Alt- und Neustadt – oder fährt mit dem Alsterschiff vorbei. Auf dem Fleetmarkt direkt neben dem Hotel ziehen Straßencafés und Restaurants wie der „Marinehof" und die „Ständige Vertretung" die Besucher an.
In der Admiralitätstraße laden viele Galerien und die Kunstbuchhandlung Sautter + Lackmann zum Stöbern ein (Admiralitätstraße 71/72).
Zur Adventszeit findet auf der Fleetinsel ein beliebter Weihnachtsmarkt statt **(111)**.

Wo: Fleetinsel, 20459 Hamburg-Neustadt
Wann: Jederzeit
Highlights: Der Weihnachtsmarkt, die Galerien, die Buchhandlung Sautter + Lackmann
Infos: www.hamburg.de/grossneumarkt-fleetinsel
Anfahrt: S1, S3 Stadthausbrücke

Die Innenstadt

Die Fleetinsel mit der Ellerntorsbrücke, dem Restaurant „Ständige Vertretung" und dem Steigenberger Hotel

Buchhandlung mit Charme: Sautter + Lackmann in der Admiralitätstraße

Auf Hummels Spuren
Die Neustadt rund um den Großneumarkt

Seine wilden Zeiten hat der Großneumarkt hinter sich. Die Szene ist Richtung St. Pauli und Schanze gezogen, und es wurde ruhiger in dem Viertel, wo der „Cotton-Club" (Alter Steinweg 10) Hamburg zur Jazzmetropole machte und das „Schwenders" (heute „Paulaner's", Großneumarkt 1) Promis, Touristen und Abiturienten aus Pinneberg anzog. Anwohner und Besucher schätzen heute vor allem die abwechslungsreiche Mischung von Galerien, Ateliers und Geschäften, Cafés, Restaurants und Bars rund um den Platz, der im 17. Jahrhundert als Zentrum der Neustadt angelegt wurde und auf dem zweimal wöchentlich immer noch Markt ist.

Der „Hummel-Bummel", eine rote Linie auf den Gehwegen, führt an etwa 30 Sehenswürdigkeiten hier in der Neustadt vorbei. Ausgangspunkte sind der Michel (15), das hamburgmuseum – Museum für Hamburgische Geschichte (17), der Neue Wall und die Laeiszhalle. Natürlich kann man auch mittendrin mit der Tour anfangen. Ein paar Beispiele:

Im Rademachergang mit seinen Arbeiterwohnungen aus den 1930er-Jahren erinnert ein Brunnen an den Wasserträger, der das neustädtische Gängeviertel bis zum Anschluss an die städtische Wasserversorgung 1848 mit Trinkwasser versorgte. Die Straßenjungs riefen ihm den Spottnamen „Hummel-Hummel" hinterher und bekamen ein „Mors-Mors" zurück, kurz für „Klei di an'n mors" (Kratz dich am Hintern).

Vom verwinkelten Gängeviertel, das wegen sanitärer Probleme und Kriminalität, aber auch als Kommunisten-Hochburg in Verruf stand, haben nur Reste die

Wo: 20459 Hamburg-Neustadt
Wann: Jederzeit
Highlight: Immer die rote Linie lang auf dem „Hummel-Bummel"
Infos: www.grossneumarkt-fleetinsel.de,
www.hamburg-grossneumarkt.de
Anfahrt: S1, S3 Stadthausbrücke, U3 Rödingsmarkt oder St. Pauli

Freche Hamburger Straßenjungs verschafften ihm unfreiwillige Berühmtheit: der Wasserträger Bentz, genannt „Hummel", auf einem Holzstich Ende des 19. Jahrhunderts.

An den Komponisten Johannes Brahms, der in der Speckstraße geboren wurde, erinnern ein Gedenkstein in der Caffamacherreihe und das Brahms-Museum im ehemaligen Beyling-Stift in der Peterstraße 39. Dort ist auch das weltweit erste Museum untergebracht, das an das Wirken des Komponisten und langjährigen Hamburger Musikdirektors Georg Philipp Telemann im 18. Jahrhundert erinnert.

Die gemütlich-althamburgisch daherkommende Peterstraße ist als Ganzes ein Museum. Der Mäzen Alfred C. Toepfer ließ hier zahlreiche historische Hamburger Bürger- und Kaufmannshäuser rekonstruieren – die vorher allerdings nie an dieser Stelle gestanden haben.

„Sanierung" und den Zweiten Weltkrieg überstanden, zum Beispiel die Fachwerkhäuser auf der Westseite des Bäckerbreitengangs, das Eckhaus Dragonerstall und die Gebäude zwischen Valentinskamp, Caffamacherreihe und Speckstraße. Hier hat 2009 die Künstlerszene in einer Hausbesetzungsaktion für breite Solidarität der Hamburger Bürger im Kampf gegen den geplanten Abriss gesorgt.

Michel by night
Die Hauptkirche St. Michaelis

Jeder Hamburger kennt den „Michel", schließlich ist die Hauptkirche St. Michaelis in der Neustadt das Wahrzeichen der Hansestadt. Aber nicht jeder kennt seine wechselvolle Geschichte. Der erste Bau aus der Mitte des 17. Jahrhunderts wurde durch ein vom Blitz entfachtes Feuer vernichtet, und auch die danach von Leonhard Prey und Ernst Georg Sonnin errichtete, 1762 geweihte Kirche brannte bei Reparaturarbeiten 1906 fast ganz aus. Sie wurde aber in beinah identischer Form wieder aufgebaut.

Der festliche barocke Innenraum imponiert durch seine geschwungenen Emporen und bildet einen herrlichen Rahmen für Gottesdienste und Konzerte. Musikfreunde pilgern in die Krypta zum Grab von Carl Philipp Emanuel Bach (1714–1788), das immer mit einer frischen Rose geschmückt ist. Johann Sebastian Bachs zweitältester Sohn, dessen Werk die nachfolgende Komponistengeneration stark beeinflusst hat, war über zwanzig Jahre lang Städtischer Musikdirektor in Hamburg.

Auch heute wird die Kirchenmusik im Michel großgeschrieben. Das Gotteshaus hat fünf Orgeln, die bei der täglichen viertelstündigen Mittagsandacht um 12 Uhr erklingen, es gibt zwei hauptamtliche Kantoren und Organisten, der Chor ist weit über Hamburgs Grenzen hinaus bekannt.

Wo: Englische Planke, 20459 Hamburg-Neustadt
Wann: Turmbesteigung Mai bis Oktober 9–19.30 Uhr, November bis April 10–17.30 Uhr, „Nachtmichel" im Anschluss, Ende zwischen 21 und 24 Uhr (am besten vorher im Internet informieren)
Highlights: Orgelandachten, Turmbläser, Nachtmichel
Infos: www.st-michaelis.de; Tel. 0 40/28 51 57 91, www.nachtmichel.de
Eintritt: Turm 4 € (ermäßigt 3,50 €), Kinder 3 € (ermäßigt 2,50 €); Nachtmichel: 9,90 € (ermäßigt 8,90 €), Kinder 7,90 €
Anfahrt: S1, S3 Stadthausbrücke, U3 Rödingsmarkt, Baumwall oder St. Pauli

Die Innenstadt

Der Hamburger Michel bei Nacht

Andere Töne hört man vom 132 Meter hohen, kupferverkleideten Michel-Turm, an dem die mit acht Metern Durchmesser größte Turmuhr Deutschlands die Zeit anzeigt (das Uhrwerk auf dem achten Turmboden ist ein faszinierendes Schauobjekt). Seit über 300 Jahren ist es Brauch, dass der „Michel-Türmer" zweimal täglich die Trompete ansetzt (um 10 und 21 Uhr, sonntags nur um 12 Uhr) und einen evangelischen Choral in alle vier Himmelsrichtungen schmettert. Für manche Einheimische und Besucher ist dies ein fester Termin im Tageskalender.

Wem das nicht genügt, der kann selbst den Turm besteigen (oder den Fahrstuhl nehmen) und von der Aussichtsplattform in 82 Metern Höhe den fantastischen Blick über ganz Hamburg und Umgebung genießen – sogar bei Nacht. Diese Möglichkeit wird seit einigen Jahren unter dem Namen „Nachtmichel" angeboten, klassische Hintergrundmusik und ein kleines alkoholfreies Getränk inklusive. Praktisch: Auf der Internetseite www.nachtmichel.de findet man die Termine sämtlicher Groß-Feuerwerke des Jahres. Eine weitere Möglichkeit der nächtlichen Michelbesteigung bietet das Restaurant „Zu den alten Krameramtsstuben" **(16)** im Krayenkamp 10.

Sozialer Wohnungsbau von anno dunnemals
Die Krameramtsstuben

Neben der Deichstraße (12) sind die Krameramtsstuben am Krayenkamp zu Füßen des Michels eines der wenigen Zeugnisse – und das bekannteste – für das Alltagsleben im alten Hamburg. So schnuckelig sich die kleine Gasse mit ihrer typischen geschlossenen Hamburger Hofbebauung mit Fachwerkhäusern des 17. Jahrhunderts heute ausnimmt: Wenn man sich vorstellt, in den engen, niedrigen Kämmerchen zu wohnen, wird einem doch etwas anders. Erst kurz vor 1900 erhielten die Häuser Wasseranschluss, vorher gab es nur den Brunnen im Hof.

Dabei gehörten diese Behausungen einstmals durchaus zum gehobeneren Standard: Sie wurden ab 1676 vom Krameramt, dem zunftmäßigen Zusammenschluss Hamburger Kleinhändler, für deren Witwen und arbeitsunfähige Amtsbrüder zur Verfügung gestellt. Noch bis 1968 lebten alleinstehende ältere Hamburger Damen in den historischen Sozialwohnungen.

In den fünf Häusern zu beiden Seiten des Hofs gab es ursprünglich je zwei Kleinwohnungen, bestehend aus Diele, Kochstelle und Kammer im Erdgeschoss und einem Wohn- und Schlafraum im Obergeschoss. Im Dachgeschoss mit einer Luke zum Hof wurde Brennstoff (Holz und Torf) gelagert.

Als Außenstelle des hamburgmuseums – Museum für Hamburgische Geschichte (17) veranschaulicht eine Museumswohnung mit vollständiger Einrichtung aus der Zeit um 1850/1860 die Wohnverhältnisse von damals. Typisch: die Holzgestelle

---

Wo: Krayenkamp 10, 20459 Hamburg-Neustadt
Wann: Museum „Kramerwitwenwohnung" Di bis So 10–17 Uhr, im Winter bis zum 1. April Sa und So 10–17 Uhr
Highlight: Wohnung mit Einrichtung von 1850/1860
Infos: Museum Tel. 0 40/37 50 19 88, www.hamburgmuseum.de; Restaurant Tel. 0 40/36 58 00, www.krameramtsstuben.de
Eintritt: 2 € (ermäßigt 1,50 €)
Anfahrt: S1, S3 Stadthausbrücke, U3 Rödingsmarkt

Die Innenstadt

Krameramtsstuben: Hier kann man sehen und nachvollziehen, wie das Alltagsleben im alten Hamburg aussah. Eine Wohnung aus der Zeit um die Mitte des 19. Jahrhunderts ist vollständig mit zeitgenössischen Möbeln eingerichtet und zu besichtigen.

für die Wäschetrocknung vor den Fenstern. Die Kramer, später Krämer oder Kolonialhändler genannt, handelten vor allem mit Gewürzen, Seidenstoffen und Eisenwaren. Ihre beiden wichtigsten Maßgeräte, die kleine Balkenwaage und die Elle, sind im Original aus der Zeit um 1800 im Empfangsraum der Museumswohnung zu sehen. Außerdem erinnern ihre Zeichen auf einer Tafel außen im Hof an die Zunft der Kramer.

Heute prägen hübsche Souvenirläden, eine Galerie und das Restaurant „Zu den alten Krameramtsstuben" im althamburgischen Stil das Leben in der Gasse. Das Restaurant bietet die Möglichkeit, im Rahmen eines Abendessens zwischendurch einen nächtlichen Ausflug auf den Michelturm **(15)** zu machen, inklusive ein Glas Sekt oder ein Glühwein.

Störtebeker in die Augen schauen
Museum für Hamburgische Geschichte

Das 1922 eröffnete hamburgmuseum – Museum für Hamburgische Geschichte liegt am Holstenwall an der Stelle der ehemaligen Bastion Henricus, einem Teil der barocken Befestigungsanlage, die die Stadt lange Zeit uneinnehmbar machte. Auf Sicherheit legten die Hamburger also schon früher großen Wert. Gründe dafür gab es in der Geschichte genug, wie man im hamburgmuseum anschaulich erfahren kann.

Im Spätmittelalter machten Piraten, die sich „Vitalienbrüder" nannten, die für Hamburg so lebenswichtige Seefahrt unsicher. Dem Schiffshauptmann Simon von Utrecht gelang es, ihren Anführer Klaus Störtebeker zu fangen. Im Oktober 1400 soll er mit rund 30 Gefährten auf dem Grasbrook enthauptet worden sein, deren Köpfe zur Abschreckung an der damaligen Hafeneinfahrt auf Pfähle genagelt wurden. Beim Bau der Speicherstadt wurde dann 1878 das berühmteste Ausstellungsstück des hamburgmuseums gefunden: der Störtebeker-Schädel. Zumindest glaubt man recht fest daran, dass der Totenkopf mit dem Nagelloch in der Schädeldecke dem berühmten Seeräuber zuzuschreiben sei. Eine Gesichtsrekonstruktion des Schädels ist ebenfalls im Museum zu sehen, sodass man Klaus Störtebeker quasi direkt in die Augen schauen kann.

Das hamburgmuseum hat jedoch weit mehr zu bieten als gruselige Piraten-Reliquien. Auf vier Etagen werden über 800 Jahre Stadtgeschichte und kulturhistorische Themen wie Mode und Wohnen, Musik und Kunst, Theater und Wissenschaft, Hanse und Handel, die Geschichte der Hamburger Juden und der Auswande-

Wo: Holstenwall 24, 20355 Hamburg-Neustadt
Wann: Di bis Sa 10–17 Uhr, So 10–18 Uhr
Highlights: Störtebeker-Schädel, Modelleisenbahn in Spur 1
Infos: Tel. 0 40/4 28 13 21 00, www.hamburgmuseum.de
Eintritt: 8 € (ermäßigt 5 €), Kinder und Jugendliche bis 18 Jahre frei
Anfahrt: U3 St. Pauli, Bus 112 hamburgmuseum

Die Innenstadt

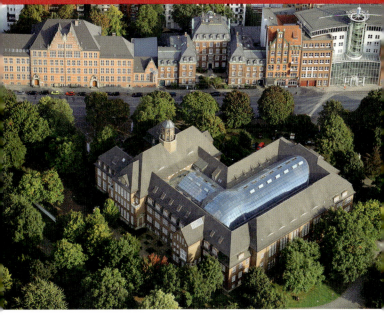

Das hamburgmuseum – Museum für Hamburgische Geschichte am Holstenwall

rung präsentiert. In der zweiten Etage macht Deutschlands größte verkehrshistorische Modellbahnanlage in Spur 1 hundert Jahre Eisenbahngeschichte lebendig.
Die Sammlung des Museums geht zurück auf die Aktivitäten des 1839 gegründeten Vereins für Hamburgische Geschichte. Das vom berühmten Stadtbaudirektor Fritz Schumacher errichtete Backsteingebäude mit dem stilisierten Leuchtturm auf dem Dach ist selbst ein Ausstellungsstück: Die Wände sind geschmückt mit Bauteilen aus Hamburger Bürgerhäusern und den Statuen deutscher Kaiser vom alten Rathaus, in den Innenhof wurde das Südportal der 1842 abgebrannten Hamburger Hauptkirche St. Petri eingebaut. Der heute so genannte Fritz-Schumacher-Hof erhielt 1989 eine eindrucksvolle Glasdachüberbauung von Volkwin Marg und Jörg Schlaich. Im „Fees" – Bar, Café, Restaurant – kann man die vielen Geschichtseindrücke stilvoll vertiefen.

Japanischer Garten und Rosengarten
Planten un Blomen

Der vor den ehemaligen Wallanlagen beim Dammtorbahnhof gelegene Erholungs- und Freizeitpark Planten un Blomen (Pflanzen und Blumen) war Schauplatz der Internationalen Gartenbauausstellungen 1953, 1963 und 1973. Hier – mitten in Hamburg zwischen Messegelände und dem Congress Centrum Hamburg (CCH) – können Sie auch ein authentisches Stück Japan in Hamburg erleben. Den Mittelpunkt dieses für Europäer fremden, gleichzeitig aber faszinierenden Gartens bilden ein See und ein an dessen Ufern gelegenes japanisches Teehaus, dem man sich durch ein hölzernes Tor nähert. Drinnen können Sie an einer original japanischen Teezeremonie teilnehmen, um anschließend draußen das Gesamtkunstwerk des Gartens mit seinen Felsen, Wasserfällen, Bächen und Teichen auf sich wirken zu lassen. Hier kann man inmitten der Großstadthektik für mehr als einen Augenblick Ruhe und Besinnung finden.

Gleich nebenan fasziniert die einzigartige Pracht und Vielfalt der „Königin der Blumen". Auf circa 5000 Quadratmetern können Sie im Rosengarten von Planten un Blomen Ihrer Leidenschaft nachgehen und mehr als 300 verschiedene Rosensorten bewundern. Von den Historischen und Englischen Rosen reicht das Spektrum über die Teehybriden bis zu den Ramblern, die sich mächtig über Bäume und Mauern legen. Im Mittelpunkt dieser wunderschönen Anlage westlich des Congress Centrums Hamburg, gleich links hinterm Eingang Tiergarten-

Wo: Zwischen Marseiller Straße und Tiergartenstraße, 20355 Hamburg-St. Pauli

Wann: Park Oktober bis März 7–20 Uhr, April 7–22 Uhr, Mai bis September 7–23 Uhr; Teehaus Mai bis September Di bis Sa 15–18 Uhr, Teezeremonie jeden 2. und 4. So im Monat 15–17 Uhr

Infos: Tel. 0 40/4 28 54-47 23, www.plantenunblomen.hamburg.de

Anfahrt: S11, S21, S31 Dammtor, U1 Stephansplatz, U2 Messehallen, Busse 4, 5, 109 Stephansplatz

Die Innenstadt

Im Vordergrund der Rosengarten, dahinter der Heinrich-Hertz-Turm

straße, steht ein offener Pavillon, in dem Sie sich über die einzelnen Sorten und ihre spezielle Pflege informieren können. Von Mai bis September, also in jener Zeit, in der Rosen blühen, untermalt klassische Musik das botanische Erlebnis.

Der Japanische Garten mit dem Teehaus

Kunst mit Alsterblick
Die Galerie der Gegenwart

Seit 1997 hat die Binnenalster eine neue Landmarke an ihrer Nordostecke: den strahlend hellen Kalksteinkubus der Galerie der Gegenwart. Viele Hamburger empfanden den „Klotz" zunächst als Fremdkörper im Stadtbild. Aber das geht schon in Ordnung, schließlich will die Kunst der Gegenwart ja auch be-fremden. Inzwischen ist der Bau von Oswald Mathias Ungers (1926–2007) weithin akzeptiert und für manche sogar zu einem Lieblingsort geworden – für Skater besonders der mit rotem Granit verkleidete bastionsartige Sockel, der die Verbindung zum Altbau der Hamburger Kunsthalle herstellt. Auch im Inneren der Galerie der Gegenwart, dem jüngsten Erweiterungsbau der 1869 eröffneten Kunsthalle, steht alles im Zeichen des Quadrats – von den Bodenfliesen bis zum Notausgangs-

schild. Auf vier Etagen wird internationale Kunst von 1960 bis heute präsentiert, dazwischen immer mal ein Werk aus früheren Jahrhunderten, das plötzlich wieder ganz frisch und zeitgenössisch wirkt.

Kunst kann anstrengend sein. Das Café-Restaurant „The Cube" im Erdgeschoss der Galerie der Gegenwart bietet – übrigens auch unabhängig vom Museumsbesuch – Gelegenheit, eine Pause zu machen und den spektakulären Blick auf die Binnenalster zu genießen, bei gutem Wetter auch von der großen Sonnenterrasse. Um Augen und Geist zu erholen, kann man aber auch einfach mit dem Fahrstuhl in den dritten Stock fahren und dort aus dem hohen Fenster vor dem Fahrstuhl schauen. Hier gibt es den schönsten Blick Hamburgs auf die Außenalster **(54)**!

Wo: Glockengießerwall, 20095 Hamburg-Altstadt
Wann: Di bis So 10–18 Uhr, Do 10–21 Uhr, vor Feiertagen bis 18 Uhr, Feiertage variierende Öffnungszeiten (siehe Website)
Infos: Tel. 0 40/4 28 13 12 00, www.hamburger-kunsthalle.de
Eintritt: 12 € (ermäßigt 5 €), Kinder und Jugendliche bis 18 Jahre frei, Familienkarte (Eltern mit Kindern unter 18 Jahren) 16 €
Anfahrt: Alle S- und U-Bahnlinien Hauptbahnhof

Die Innenstadt

Die Galerie der Gegenwart, von deren Fenster im dritten Stock man einen sagenhaften Blick auf die Außenalster hat. Im Hintergrund der Altbau der Hamburger Kunsthalle

Und wenn Sie jetzt noch mehr Lust auf Kunst haben, dann sollten Sie unter der Erde durch den Verbindungsgang zum Altbau der Kunsthalle gehen und sich dort unbedingt die wunderbare Max-Liebermann-Sammlung anschauen. Und natürlich sollte man sich auch einen der größten Schätze der Kunsthalle – den 1903 vom damaligen Direktor Alfred Lichtwark aus Mecklenburg zurückgeholten St.-Petri-Altar **(6)** von Meister Bertram – nicht entgehen lassen. Ein weiterer Höhepunkt der Sammlungsbestände ist die deutsche Malerei der Romantik mit umfangreichen Werkgruppen von Caspar David Friedrich und Philipp Otto Runge. Daneben erregt die Hamburger Kunsthalle international Aufmerksamkeit mit hochkarätigen Sonderausstellungen, die jährlich Tausende Besucher in die Hansestadt locken.

Historische Musikinstrumente
Museum für Kunst und Gewerbe

Die Geschichte der Sammlung beginnt 1890 mit einem Geschenk: Hamburger Musikfreunde stiften dem Dirigenten Hans von Bülow zum 60. Geburtstag 10 000 Mark. Von dem Geld können für das Hamburger Museum für Kunst und Gewerbe kostbare Instrumente des Hamburger Lauten- und Violenmachers Joachim Tielke (1641–1719) erworben werden. Zu den Glanzstücken gehören auch zwei „Cithrinchen" – nein, das ist kein niedlicher Mädchenname, sondern ein kleines Zupfinstrument, das in Hamburg um 1700 in der Hausmusik beliebt war. Die Instrumente sind mit Einlegearbeiten aus Ebenholz, Elfenbein und Schildpatt reich verziert, auf der Rückseite eines Exemplars sieht man die Jagdgöttin Diana in einem von zwei Hirschen gezogenen Muschelwagen fahren, begleitet von zwei geflügelten Putten.

Heute besitzt das 1877 gegründete Hamburger Museum für Kunst und Gewerbe, eines der führenden Häuser für angewandte Kunst in Europa, etwa 500 europäische und rund 30 außereuropäische Musikinstrumente.

Eine große Bereicherung brachte im Jahr 2000 die Schenkung des Hamburger Sammlerehepaars Prof. Dr. Andreas Beurmann und Heikedine Körting-Beurmann. Es übereignete dem Museum 150 historische Tasteninstrumente, die auf zwei Etagen des hierzu eigens errichteten Schümann-Flügels präsentiert werden. Die Cembali, Virginale und Spinette aus der Renaissance und dem Barock sowie die

Wo: Museum für Kunst und Gewerbe Hamburg, Steintorplatz, 20099 Hamburg-St. Georg
Wann: Di bis So 11–18 Uhr, Do 11–21 Uhr, Do an oder vor Feiertagen 11–18 Uhr, Feiertage variierende Öffnungszeiten (siehe Website)
Highlight: Musikalische Führungen „Auf historischen Tasteninstrumenten"
Infos: Tel. 0 40/42 81 34–8 80, www.mkg-hamburg.de
Eintritt: 8 € (ermäßigt 5 €), Kinder und Jugendliche bis 18 Jahre frei
Anfahrt: Alle S- und U-Bahnlinien Hauptbahnhof

Ein Teil der berühmten Musikinstrumentensammlung im Schümann-Flügel des Museums für Kunst und Gewerbe

großen Konzertflügel der Spätromantik werden im zeitgenössischen Ambiente wertvoller Gobelins, Kostüme, Möbel, Porzellane und weiterer kunsthandwerklich erlesener Objekte gezeigt.

Die größtenteils noch spielbaren, teils prachtvoll geschmückten und mit figürlichen Szenen oder Landschaftsbildern bemalten Instrumente erklingen regelmäßig im Rahmen der Führungen „Auf historischen Tasteninstrumenten".

Versäumen Sie nicht, auch die übrigen Sammlungen des Museums zu erkunden. Aus der Fülle der über 500 000 Objekte von der Antike bis zu Gegenwart können hier nur drei Highlights hervorgehoben werden: das in der Gründungszeit erworbene einzigartige Ensemble von Möbeln und Objekten des Jugendstils, der Spiegelsaal als repräsentativer gründerzeitlicher (und noch heute regelmäßig genutzter!) Konzertraum sowie Verner Pantons berühmte grellfarbige Kantine aus dem ehemaligen SPIEGEL-Verlagshaus – eine Stilikone des Pop.

Die Legende lebt
Das Hansa-Theater

Hier wurde Varieté-Geschichte geschrieben. Im Hansa-Theater am Steindamm, das seit seiner Eröffnung 1894 im Besitz der Familie Grell ist, traten Hans Albers, Josephine Baker und die Gebrüder Wolf auf („An de Eck steiht 'n Jung mit 'n Tüdelband"), machten die Clowns Grock und Charlie Rivel ihre Späße, starteten Siegfried & Roy ihre Weltkarriere. Man ist hier ganz nah dran an Akrobaten, Zauberern und Jongleuren. Nach der Zerstörung des Gebäudes durch einen Luftangriff 1943 wurde ab August 1945 in provisorischen Räumen gespielt, später trat man dann in einem kleineren Saal wieder an alter Stelle auf. „Nie im Fernsehen" hieß das Motto, mit dem sich das in den 1960er-Jahren einzige klassische Varieté-Theater in Deutschland lange erfolgreich behauptete.
Silvester 2001 war erst einmal Schluss. Doch nach achtjährigem Dornröschenschlaf hat die von

Die Gebrüder Wolf gehörten als Hamburger Originale zu den beliebtesten Künstlern auch des Hansa-Theaters, bis sie ihrer jüdischen Herkunft wegen in der NS-Zeit Auftrittsverbot erhielten.

den Hamburgern schmerzlich vermisste Bühne 2009 wieder den Vorhang geöffnet – und auch Stars wie Siegfried & Roy und die Kessler-Zwillinge ließen es sich nicht nehmen, bei den Premieren dabei zu sein. Gemeinsam mit dem „Fischereihafen Restaurant" **(41)** und dem

Wo: Steindamm 17, 20099 Hamburg-St. Georg
Infos: Tel. 0 40/47 11 06 44, www.hansa-theater.de
Karten: Zwischen 24,90 € und 69,90 € (inkl. aller Gebühren)
Anfahrt: Alle S- und U-Bahnlinien Hauptbahnhof

Die Innenstadt

Das traditionsreiche Hansa-Theater am Steindamm im Jahr 1936

„Tigerpalast" in Frankfurt haben die Leiter des St. Pauli Theaters – ehemals Ernst Drucker Theater **(48)**, Thomas Collien und Ulrich Waller, mit ihrem modernen Unterhaltungskonzept bereits wieder 250 000 begeisterte Besucher in die Räume mit dem plüschigen Fünfzigerjahre-Charme gelockt. Bekannte Kabarettisten und Schauspieler leiten als Conférenciers durchs Programm, begleitet von Ulrich Tukurs „Rhythmus Boys" als Varieté-Kapelle.

Wer sich noch nie vom Portier in Uniform hat begrüßen lassen, um dann auf einem der 491 Sitze an messingverzierten Tischen mit schummrigem Lämpchen Platz zu nehmen und per Kippschalter den legendären „Theaterteller" zu bestellen, der hat einfach was verpasst.

Auf den Spuren von Hans Albers
Die Lange Reihe

Früher Problemzone mit Drogenszene und Straßenstrich, heute eine der begehrtesten Wohnadressen Hamburgs: Die Lange Reihe nordöstlich des Hauptbahnhofs mit ihrer bunten Mischung von Ramschläden und Spezialitätenshops, Eckkneipen und Handwerksbetrieben wird zunehmend von trendigen Boutiquen und Straßencafés dominiert. „Vielfalt" ist aber immer noch ein Wort, das die Atmosphäre in der Straße gut beschreibt.

Ihren Namen verdankt die Lange Reihe einer alten Bestimmung, dass nur auf der Seite zur Alster hin Häuser gebaut werden durften, die sich folglich *reihten*, und zwar auf ziemlich *langer* Strecke: von der Dreieinigkeitskirche bis zum Allgemeinen Krankenhaus St. Georg.

Heute sind beide Straßenseiten von schönen, teils denkmalgeschützten Altbauten gesäumt.

Vergoldete Reiterfigur bei der „Apotheke zum Ritter St. Georg" in Nr. 39

Das „Nähmaschinenhaus" Nr. 61 aus dem Jahr 1621 ist das älteste Haus St. Georgs.
Hans Albers („Auf der Reeperbahn nachts um halb eins") kam 1891 im Haus Nr. 71 zur Welt.
Der Torbogendurchgang bei Nr. 75 führt in das „Haus für Kunst und Handwerk" in der ehemaligen Maschinenfabrik Koppel 66.

Wo: Lange Reihe, 20099 Hamburg-St. Georg
Wann: Jederzeit
Highlight: Kiez-Atmosphäre in der Großstadt genießen
Infos: www.hamburg.de/lange-reihe
Anfahrt: Alle S- und U-Bahnlinien Hauptbahnhof, Bus 6 Gurlittstraße

Die Innenstadt

Die Lange Reihe in St. Georg, eine Straße mit viel Atmosphäre und einer bunten Mischung aus Kneipen, Cafés, Handwerksbetrieben und individuellen Geschäften

Auf drei Stockwerken haben Künstler und Kunsthandwerker ihre Ateliers, das „Café Koppel" bietet vegetarische Köstlichkeiten. Besonders die dreiwöchige Adventsmesse im Dezember inspiriert zum Stöbern und Schenken **(111)**.
Sonntags trifft sich halb Hamburg zum Brunch in der „Turnhalle", Lange Reihe 107.
Wie man spätestens beim „Café Gnosa" (Nr. 93) bemerkt haben wird, ist die Lange Reihe Heimat der schwul-lesbischen Szene. Hier startet jedes Jahr die Parade zum Hamburger Christopher Street Day. Typisch für die Vielfalt in der Straße: Daneben finden hier jährlich die Fronleichnamsprozession der Dompfarrei und ein Sankt-Martins-Zug der Kindergärten und Schulen statt.
Den Stadtteilpatron, den heiligen Georg, trifft man an mehreren Stellen an, zum Beispiel als vergoldete Reiterfigur bei der „Apotheke zum Ritter St. Georg" in Nr. 39 und bei der Nr. 29 am 1913/14 von Fritz Höger erbauten „Handelshof".

Die Innenstadt
Ein Rundgang

Wir starten am Rathaus, zu dem wir am Ende des Rundgangs auch wieder zurückkehren. Wenn Sie dann noch Lust auf Geschichte, imposante Räume und beeindruckende Atmosphäre haben, sollten Sie eine Führung durch das Rathaus der Hansestadt buchen **(1)**.

Zunächst schauen wir uns mal um. Rechts vom Rathaus befindet sich das Bucerius Kunst Forum, das mit seinen vielfältigen Ausstellungen zum Publikumsmagneten in der Innenstadt geworden ist. Unser Blick und wir wandern weiter über die Schleusenbrücke Richtung Alsterarkaden **(3)**, einem Stück Italien in Hamburg. Neben der Schleuse erhebt sich als Stele das Denkmal für die Gefallenen des Ersten Weltkriegs, auf der ein ursprünglich von Ernst Barlach geschaffenes Relief zu sehen ist. Nachdem Sie durch die Bögen der Arkaden noch einmal über die Kleine Alster auf das Rathaus geschaut haben, sind Sie bereits auf dem Hamburger Prachtboulevard, dem Jungfernstieg. Den Alsterpavillon und den Anleger der Alsterflotte lassen Sie links liegen, überqueren die Straße und sind nun am Ballindamm mit dem Eingang zur Europa Passage. Die Reihe der Bürogebäude am Ballindamm beherrscht ein riesiges Gebäude mit einer tempelartigen Front – die Zentrale der einst größten Reederei der Welt, der Hapag, heute Hapag-Lloyd **(4)**. Bis 1918 residierte hier als Direktor der legendäre Albert Ballin, der nicht nur der Erfinder der Kreuzfahrten war, sondern auch mit dem Transport von Millionen Auswanderern sein Geld verdiente.

Nach rechts geht es in die Gertrudenstraße und anschließend über einen kleinen Platz, den Gertrudenkirchhof. Nun ist es nicht mehr weit bis zur berühmtesten Einkaufsmeile Hamburgs, der Mönckebergstraße mit dem nach Plänen von Fritz Schumacher gestalteten Brunnen. Die Bronzefiguren schuf Georg Wrba, das hübsche Tempelhaus – ursprünglich beherbergte es die Zentralbibliothek – wird heute etwas zweckentfremdet genutzt. Wer Lust auf Bratwurst hat, sollte sich die unweit davon angebotene nicht entgehen lassen.

Die Innenstadt

Außenalster

Dammtorstr.

U

Esplanade

Kennedybrücke

Lombardsbrücke

Colonnaden

Neuer Jungfernstieg

eater-
str.

Gänsemarkt

Gr. Th

Dammtorstr.

Binnenalster

Glockengießer-

wall

An der

Holz-

Ernst-Me

Steinr.

Jungfernstieg

Post-
str.

Str.

Bleichen

ne Bleichen

Gr.

Schleusenbr.

U S

Ballindamm

Brandsende

Ferdinandstr.

4

boi-
str.

K. Mühren

Lilienstr.

Spitalerstr.

L. Mühren

3

Alstertor

Rosen-

str.

U

1

Neuer Wall

Alsterfleet

S

2

Alter Wall

Hermann-

Ra-
Paulstr.

Mönckebergstr.

U

Speersort

6

Bugen-
hagenstr.

7

Steinstr.

Gr. Johannisstr.

Rathausstr.

Pelzerstr.

Domstr.

Burchardstr.

Burchardstr.

Großer Burstah

Kl. Burstah

U

Neß

Trostbr.

Gr. Reichenstr.

Kl. Reichenstr.

9

Willy-

str.

Brandt-Str.

11

10

Willy-Brandt-Str.

U

Der

Holzbr.

Mattenwiete

Katharinen-
str.

Steckel-
hörn

Zippelhaus

Dovenfleet

Oberbaumbr.

Oberhafen

Deich-

Cremon

Hohe Br.

Bei den Mühren

Brook

Neuer Wand-
rahm

Zoll-
kanal

Alter Wandrahm

Bei St. Annen

HHLA

Poggenmühle

Kehrwieder

A. d. Sande

Brook

Brooktorkai

Brooktor-

Osakaallee

Stockme
str.

Am Sandtorkai

Am Sandtorkai

Großer Gras

Am Sandtorpark

Koreastr.

Magdeburge

andtorhafen

Magellan-
Terrassen

Die Innenstadt

Die Hauptkirche St. Jacobi erreichen Sie, indem Sie die Mönckebergstraße überqueren. Unbedingt hineingehen **(7)**.
Danach schlendern Sie die Steinstraße hinunter, am Speersort sehen Sie gegenüber das Pressehaus, in dem unter anderem „Die Zeit" gemacht wird. In den oberen Etagen residieren die Herausgeber, der Chefredakteur und die Redaktion.

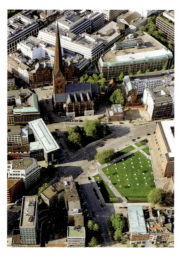

St. Petri von oben, dahinter die Mönckebergstraße, ganz rechts das Pressehaus, auf der links danebenliegenden Grünfläche soll einst die Hammaburg gestanden haben.

Rechts ist nun schon die Hauptkirche St. Petri **(6)** zu sehen. Auf jeden Fall sollten Sie sich das älteste Kunstwerk Hamburgs anschauen, den Türzieher am Westportal (1342).
Über die Domstraße hinweg, an der nicht nur die 1805 abgerissene Domkirche stand, sondern auch die Wiege Hamburgs, die Hammaburg, geht es zu einem kuriosen Beispiel Hamburger Architektur, dem Afrikahaus in der Großen Reichenstraße 27 **(9)**, das 1899 erbaut und 1999 vorbildlich restauriert wurde und sich noch heute in Familienbesitz befindet.
Zurück über die Domstraße gehen Sie nun in den Neß. An dessen Ende stehen Sie im alten Herzen Hamburgs: dem Alten Rathaus, dem Haus der Patriotischen Gesellschaft an der Trostbrücke und dem Laeiszhof **(10)** schräg gegenüber.
Nun ist es nur noch ein Katzensprung bis zur Ruine von St. Nikolai **(11)**.
Zurück zum „neuen" Rathaus geht es über den Hopfenmarkt, den ehemaligen Haupt- und Marktplatz der Neustadt, der ab dem 14. Jahrhundert Handelsplatz der Bierbrauer war, die hier ihren Hopfenbedarf deckten.

Der vor der ehemaligen Hauptkirche St. Nikolai gelegene Hopfenmarkt war Ende des 19. Jahrhunderts auch ein Umschlagplatz für Gemüse, das aus den Vierlanden kam. Daran erinnert der malerische Vierländerin-Brunnen.

Nun biegen wir rechts in den Großen Burstah ein, gehen diesen hinunter, bis wir bereits auf der linken Seite das imposante Gebäude der Handelskammer erblicken. Nach Besichtigung des Mittleren Börsensaals **(2)** gehen wir einmal um das Gebäude herum, dann in eine Toreinfahrt hinein. Vor uns befindet sich der Hygieia-Brunnen mit einer weiblichen Bronzefigur, die als Allegorie für Gesundheit steht und zugleich an die furchtbare Cholera-Epidemie erinnert, die Hamburg 1892 heimsuchte. Hier zwischen Rathaus und Handelskammer, die übrigens durch einen Gang miteinander verbunden sind, ist kaum etwas vom Lärm der großen Stadt zu spüren. Ein wundervoller stiller Winkel.

Hygieia-Brunnen im Innenhof des Rathauses

Ganz still ist er jedoch nicht immer, denn alljährlich im Sommer finden hier unter freiem Himmel die beliebten Rathauskonzerte der Hamburger Symphoniker statt. Bei schlechtem Wetter wird in den Großen Festsaal des Rathauses ausgewichen – keine schlechte Alternative.

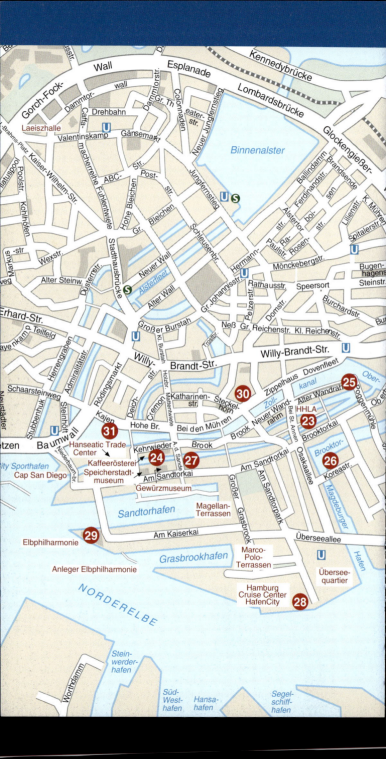

Speicherstadt und HafenCity

23 Die Speicherstadt
24 Miniatur Wunderland Hamburg
25 Dialog im Dunkeln
26 Das Internationale Maritime Museum
27 Die HafenCity
28 Kreuzfahrtterminal in der HafenCity
29 Die Elbphilharmonie
30 Die Hauptkirche St. Katharinen
31 Die Flussschifferkirche
    Speicherstadt und HafenCity. Ein Rundgang

Der größte Lagerhauskomplex der Welt
Die Speicherstadt

Das einmalige städtebauliche Ensemble der Hamburger Speicherstadt fasziniert immer wieder. Ihre im Backsteinkleid errichteten neugotischen Bauten wurden von Architekt Franz Andreas Meyer mit vielen Details verziert. Gebaut wurde sie aus rein merkantilen Gründen. Der 1888 eröffnete größte Lagerhauskomplex der Welt war Teil des Freihafens und zollfreier Basar. Mit seinen dicken Backsteinwänden war er auch klimatisch ein idealer Ort, um Tee, Kaffee, Gewürze, Tabak und viele andere Waren zu lagern. Die eigentümliche Schönheit der Speicherstadt, dieser Stadt in der Stadt, ist erst in den letzten Jahren nach dem Ende der Freihafenära und dem Fall des Zollzauns entdeckt worden. Wie eine Festung präsentieren sich ihre Fassaden noch immer dem Spaziergänger, der sich dem

wie ein Ozeanriese daliegenden Komplex von der Innenstadt aus nähert. Obwohl im Zweiten Weltkrieg fast 40 Prozent der Speicherstadt zerstört wurden, vermittelt sie dank der Kunst des Architekten Werner Kallmorgen, der viele Ruinen rekonstruieren ließ, manche aber auch zeitgenössisch ersetzte, immer noch einen baulich geschlossenen Eindruck. Doch hinter den Fassaden tut sich viel. Modedesigner, Werbetreibende und Künstler nutzen den behutsamen Strukturwandel, mit dem das einzigartige Quartier sich vom einst größten Lagerhauskomplex zu einem attraktiven Bindeglied zwischen Hamburger Innenstadt und HafenCity entwickelt. Eine ganz besondere Attraktion ist das Haus der Hamburger Hafen und Logistik AG (HHLA), Bei St. Annen 1. Das auch „Rathaus der Speicher-

Wo: Zwischen Kehrwiederspitze und Oberbaumbrücke, 20457 Hamburg-HafenCity
Wann: Ganzjährig
Highlights: Die von Michael Batz beleuchtete Speicherstadt, täglich, sobald es dunkel wird; Speicherstadtmuseum (Am Sandtorkai 36)
Infos: www.hafencity.com, www.speicherstadtmuseum.de
Anfahrt: U1 Meßberg, U3 Baumwall, Busse 6 Bei St. Annen oder Auf dem Sande (Speicherstadt), 111 Am Sandtorkai

Speicherstadt und HafenCity

Das gibt es nur in Hamburg: die Speicherstadt

stadt" genannte Gebäude mit seinen historisierenden Fassaden besitzt heute noch einen hohen ästhetischen Reiz. Die mit Erkern, Türmchen und Lauben dekorierte Zentrale des größten Hafenbetriebs vermittelt einen beinahe pompösen Eindruck – nach dem Motto: Was gut ist für den Hafen, ist auch gut für Hamburg. Fragen Sie den Pförtner, ob er Sie einmal ins Treppenhaus schauen lässt, denn nicht nur von außen ist die Speicherstadt schön anzusehen. Auch das Innere vieler Gebäude repräsentiert die Architektur des ausgehenden 19. Jahrhunderts. Die Chancen stehen gut, dass die Speicherstadt 2014 in die UNESCO-Liste des Weltkulturerbes aufgenommen wird.

Die größte Modelleisenbahnanlage der Welt
Miniatur Wunderland Hamburg

Auch erwachsene Männer bekommen leuchtende Augen, wenn sie im „Miniatur Wunderland Hamburg" die Landschaftsnachbildungen betrachten, die von Modelleisenbahnzügen durchquert werden. Das hat sich jeder Junge, der eine Eisenbahn zum Geburtstag oder zu Weihnachten geschenkt bekommen hat, einmal gewünscht: eine Anlage, in der Schranken, Weichen, Lokomotiven und Waggons nach einem ausgeklügelten System funktionieren. Diesen Traum haben sich die Brüder Frederik und Gerrit Braun erfüllt. Und das kam so: Im Urlaub besuchte Frederik einen Modellbahnshop in Zürich. Die Eindrücke und die Begeisterung über das dort Präsentierte müssen so groß gewesen sein, dass er sofort seinen Bruder anrief und ihm mitteilte, dass sie die größte Modelleisenbahnanlage der Welt bauen würden.

Es gibt kleine und große Modelleisenbahn-Fans. Alle bekommen leuchtende Augen, wenn sie im „Miniatur Wunderland Hamburg" riesige Miniaturlandschaften betrachten, die von Modelleisenbahnzügen aus aller Welt durchquert werden. Hier der Grand Canyon

Gesagt, getan. Seit dem 16. August 2001 bewegen sich in der Hamburger Speicherstadt auf 1300 Quadratmetern und 13 Kilometern Gleislänge circa 930 Züge mit über 14 450 Waggons. Dazu kommen 3050 Weichen, 8850 Autos, 228 000 Bäume

Wo: Kehrwieder 4, 20457 Hamburg-HafenCity
Wann: An 365 Tagen im Jahr, genaue Öffnungszeiten im Internet
Highlight: Flughafenmodell mit „echten" Starts und Landungen
Infos: Tel. 0 40/30 06 80-0, www.miniatur-wunderland.de
Eintritt: 12 €, Jugendliche bis 16 Jahre 6 €, Kinder unter 1 Meter frei, diverse Ermäßigungen
Anfahrt: U3 Baumwall, Busse 6 Auf dem Sande (Speicherstadt), 111 Am Sandtorkai

Speicherstadt und HafenCity

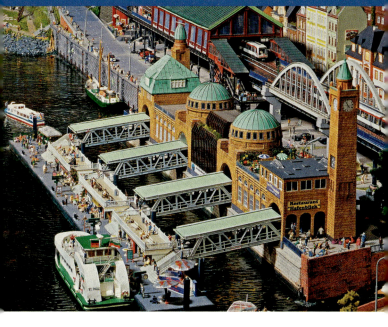

Die St. Pauli-Landungsbrücken und die U-Bahn-Station Landungsbrücken en miniature

und 215 000 Figuren. Bis zum Jahr 2020 soll die gesamte Anlage auf bis zu 20 Kilometer Gleislänge, auf denen dann mehr als 1300 Züge verkehren, ausgebaut werden.
Einige Besucherkommentare: „Das ist der reine Wahnsinn, was die hier auf die Beine (Schiene) gestellt haben ..." „Unbedingt den Airport ansehen, hier ist viel Technik zu sehen ..." „Ein Spektakel! Es ist wohl das abgefahrenste Erlebnis, das ich bis heute zu sehen bekommen habe ..."
Unser Tipp: Einmal im Monat öffnet das Wunderland-Team die Pforten zwischen 19.15 und 23 Uhr. Nach einem Begrüßungsgetränk und einem kleinen Einführungsvortrag können Sie in Ruhe durch die Anlage schlendern und auch einen spannenden Blick hinter die Kulissen werfen.

Eine ungewöhnliche Sinneserfahrung
Dialog im Dunkeln

Eine Ausstellung in völliger Dunkelheit? Das klingt irgendwie paradox. Aber „Dialog im Dunkeln" in der Hamburger Speicherstadt ist ein Erlebnis, das man nur mit dem inneren Auge betrachten kann, ansonsten ist undurchdringliche Schwärze alles, was man optisch wahrnimmt. Dafür werden die anderen Sinne umso mehr beansprucht beim Erkunden von Gegenständen und in Situationen, die wir im Alltag täglich erleben. Nach einer kurzen Einführung in die Handhabung eines Blindenstocks geht es in 90 Minuten durch sechs Räume, in denen man in verschiedenen Situationen seine Orientierungsfähigkeit und die Empfindlichkeit seiner Sinnesorgane auf die Probe stellen kann. Den kleinen Gruppen ist jeweils ein blinder oder sehbehinderter Guide an die Seite gestellt, der nicht nur durch die Ausstellung führt, sondern auch Sicherheit gibt, die mit dem Licht vor der Tür geblieben zu sein scheint. Manchmal empfindet man diese Sicherheit als so unglaubwürdig, dass man die Augen noch weiter aufreißt: Ist denn da wirklich nichts zu sehen? Nein, aber zu spüren – der Wind auf der Haut, Kopfsteinpflaster unter den Füßen, das Schwanken einer Hängebrücke. Eine Besonderheit ist der Raum der Klänge, wo aus dem Hören von Musik eine überwältigende Ganzkörpererfahrung wird. Am Ende der Tour können in der Dunkel-Bar auch noch die Geschmacksnerven herausgefor-

Wo: Alter Wandrahm 4, 20457 Hamburg-HafenCity
Wann: Di bis Fr 9–17 Uhr, Sa 10–20 Uhr, So und feiertags 11–19 Uhr, Reservierung empfehlenswert (zwei bis drei Wochen vorher!)
Highlight: Dinner in the Dark: ein Vier-Gänge-Überraschungs-Menü in völliger Dunkelheit
Infos: Tel. 0 40/3 09 63 40, www.dialog-im-dunkeln.de
Eintritt: Tour à 60/90 Minuten: 15/19 € (ermäßigt 10,50/13,50 €), Kinder bis 12 Jahre 8,50/11,50 €, Familien (Eltern mit 2 Kindern bis 16 Jahre) 42/52 €
Anfahrt: U1 Meßberg, Bus 6 Bei St. Annen

Eingang des „Dialogs im Dunkeln"

dert werden. Gerade dadurch, dass der Sehsinn ausgeschaltet wird, bleibt der Eindruck dieser Ausstellung noch lange in Erinnerung.
Mehr als ein positiver Nebeneffekt: In Hamburg haben schon etwa 50 blinde und sehbehinderte Menschen im „Dialog im Dunkeln" eine feste Arbeitsstelle gefunden und verhelfen als Guides, Trainer oder in anderen Funktionen der Ausstellung zu ihrem großen Erfolg.

Hamburgs maritimes Herz
Das Internationale Maritime Museum

Das Internationale Maritime Museum Hamburg zeigt die imposante Sammlung Peter Tamms, die er zur Schifffahrts- und Marinegeschichte zusammengetragen hat. In den liebevoll restaurierten Räumen im Kaispeicher B ist die Geschichte der Seefahrt in Tausenden von Exponaten dokumentiert und für nachfolgende Generationen erfahrbar gemacht.

Gezeigt werden mehr als 36 000 Schiffsmodelle und Schiffsminiaturen, 50 000 Konstruktionspläne, 5000 Gemälde und Grafiken, zahlreiche nautische Geräte, historische Uniformen und Waffen. Mehr als eine Million Fotos und 120 000 Bücher lagern in den Archiven. Der Bereich der historischen Marineuniformen und Orden gilt als der bedeutsamste weltweit. Erzählt wird

In historischen Räumen: das Internationale Maritime Museum Hamburg in der HafenCity

aber auch von Entdeckern und Eroberern, von Kapitänen und Seeleuten. Auf über 11 000 Quadratmetern Ausstellungsfläche lernen die Besucher die Schifffahrts- und Marinegeschichte der

Wo: Koreastraße 1, 20457 Hamburg-HafenCity
Wann: Di bis So 10–18 Uhr, Do 10–20 Uhr
Infos: Tel. 0 40/3 00 92 30-0, www.internationales-maritimes-museum.de
Eintritt: Erwachsene 12 € (ermäßigt 8,50 €), Kinder ab 7 Jahre 8,50 €, verschiedene Familienkarten
Anfahrt: U1 Meßberg, U4 Überseequartier, Busse 6 Bei St. Annen, 111 Osakaallee

Das fast viereinhalb Meter lange Modell des 1722 in Dienst gestellten Konvoischiffs „Wapen von Hamburg III" hängt vor einer 300-fach vergrößerten Reproduktion des Bildes „Schwere See im Atlantik" von dem Hamburger Marinemaler Johannes Holst.

letzten 3000 Jahre kennen. Besonders eindrucksvoll ist die Präsentation des Modells des Konvoischiffs „Wapen von Hamburg III", das in der großen Halle vor einem riesigen Seebild hängt. Der Bau dieser Kriegsschiffe war notwendig geworden, weil die Hamburger Reeder und Kaufleute durch Piraten im 17. und 18. Jahrhundert große Verluste erlitten. Finanziert wurde die kleine schlagkräftige Flotte übrigens durch die Kaufmannschaft **(2)**, da die Stadt das Seeräuberproblem nicht in den Griff bekam. Kapitän eines dieser Schiffe, der „Wapen von Hamburg II", die für Hamburg 32 Jahre in Diensten stand, war übrigens Caspar Tamm, ein Verwandter des Museumsgründers. Sein Porträt hängt an der Rückseite der Wand mit dem großen Seebild.

Ein neuer Stadtteil entsteht
Die HafenCity

Aktuell etwa 1700 Bewohner, 8400 Arbeitsplätze in mehr als 300 Unternehmen, eine Grundschule, Tango auf der Elbpromenade am Strandkai, Swing am Magdeburger Hafen, Literatur- und Musikfestivals, Autorenlesungen auf den Magellan-Terrassen – keine Frage, die Hamburger haben das ehemalige Hafengebiet auf dem Großen Grasbrook wieder in Besitz genommen.

Mit der Erfindung des Frachtcontainers 1956, immer größeren Schiffen und fehlenden Lagerflächen waren die alten Hafenanlagen schon bald nach dem Zweiten Weltkrieg zu klein geworden. Neue Containerbrücken entstanden in Steinwerder, Altenwerder **(105)** und auf dem Kleinen Grasbrook. Auf dem Brachland südlich der Speicherstadt bot sich Hamburg Anfang des

Der Traditionshafen am Sandtorkai

21. Jahrhunderts die einmalige Gelegenheit, nur 800 Meter vom Rathaus **(1)** und 1100 Meter vom Hauptbahnhof entfernt direkt am Elbufer einen komplett neuen Stadtteil zu schaffen. Wie das Ergebnis einmal aussehen soll, kann man im InfoCenter im Kesselhaus mitverfolgen. Das acht mal vier Meter große Modell der HafenCity im Maßstab 1:1500 wird regelmäßig an den aktuellen Entwicklungsstand angepasst und um neu geplante Gebäude ergänzt.

Wo: HafenCity InfoCenter im Kesselhaus, Ausstellung und Café, Am Sandtorkai 30, 20457 Hamburg-HafenCity
Wann: Di bis So 10–18 Uhr, Mai bis September Do 10–20 Uhr
Infos: Tel. 0 40/36 90 17 99, www.hafencity.com
Eintritt: frei
Anfahrt: U1 Meßberg, U3 Baumwall, U4 Überseequartier und HafenCity Universität, Buslinien 6 und 111, Hafenfähre 72 Elbphilharmonie

Vasco-da-Gama-Platz am Grasbrookhafen

Spannender ist es jedoch, im Original selbst auf Entdeckungsreise zu gehen. Nehmen Sie sich Zeit, den stetig wachsenden Stadtteil zu erkunden und Ihre ganz persönlichen Lieblingsplätze kennenzulernen. Spazieren Sie am Wasser entlang, machen Sie eine Pause auf einem der weiten Plätze oder schlendern Sie durch die Häuserschluchten. Hinter jeder Ecke warten spannende Ein- und Ausblicke, liebevoll gestaltete Details und geheimnisvolle Treppenaufgänge. Herzstück der westlichen HafenCity, in der sich bereits ein lebendiges Straßenbild mit zahlreichen Cafés, Bars und Restaurants entwickelt hat, ist der Sandtorhafen, der von der Stiftung Hamburg Maritim gepflegt wird. Ein Gang über die knarzenden Pontons, vorbei an historischen Segelschiffen, Dampfern und Kränen gehört zu jedem Besuch dazu.

Die HafenCity entwickelt sich von Westen nach Osten und von Norden nach Süden. Daher ist es Richtung Osten im Überseequartier und am alten Kaispeicher B, in dem sich heute das Internationale Maritime Museum Hamburg **(26)** befindet, noch ein wenig stiller, aber nicht weniger interessant.

In der HafenCity ist alles in Bewegung. Bei jedem Besuch steht man vor einem neuen Gebäude, entdeckt einen überraschenden Ausblick, ein Café oder Restaurant. Schon längst ist die HafenCity zur Flaniermeile geworden, hier werden mit Blick auf die Elbe die ersten Sonnenstrahlen und das erste Eis genossen, hier verabredet man sich zum Klönen beim Sonntagsspaziergang. Ja, die Verbindung zwischen Hafen und Stadt ist gelungen, die Menschen sind zurück an der Elbe.

Speicherstadt und HafenCity

Fernweh nach der großen weiten Welt
Kreuzfahrtterminal in der HafenCity

Bei einem Spaziergang durch die HafenCity (siehe Seite 80–81) gibt es immer wieder Neues zu entdecken, Hamburgs jüngster Stadtteil ist im ständigen Wachstum. Selbst die Baustellen sind harmonisch in die lebendige Architektur am Wasser integriert, nach und nach geben Gerüste und Planen Blicke auf lange Verhülltes frei, weichen Provisorien neuen Schmuckstücken.

Dass auch ein Provisorium einen ganz eigenen Charme entwickeln kann, beweist das Hamburg Cruise Center HafenCity am Chicagokai, das seit 2004 die Kreuzfahrtreisenden in Hamburg begrüßt.

Der 1200 Quadratmeter große innerstädtische Kreuzfahrtterminal, der mittelfristig durch einen kombinierten Hotel-Terminal-Komplex ersetzt werden wird, fügt sich vollkommen in das Überseequartier ein: Die Wände bestehen aus gestapelten Containern und großzügigen Glasflächen, die den Blick auf die Stadt und den Hafen freigeben. Kreuzfahrtriesen wie die „Queen Mary 2" oder die „Jewel of the Seas" werden hier standesgemäß in Empfang genommen. Kein ankommender Passagier sieht der Anlage den Status als Übergangslösung an, sondern jeder fühlt sich hanseatisch-herzlich willkommen geheißen. Nicht nur Hamburger gehen am Wochenende gern zum Schiffegucken in die HafenCity.

Übrigens: Hamburg wurde 2010 mit dem ersten Preis „Bester Turnaroundhafen" auf der Kreuzfahrtmesse in Miami ausgezeichnet. Die Reeder waren sich einig, dass die Elbmetropole mit ihrer touristischen Infrastruktur (Flughafen- und sonstige Verkehrsanbindungen, Passagierabfertigung) weltweit die Nase vorn hat.

Wo: Großer Grasbrook/Chicagokai, 20457 Hamburg-HafenCity, Überseequartier
Wann: Rund ums Jahr
Highlight: Schiffsein- und ausläufe der Ozeanriesen
Infos: Tel. 0 40/72 00 21 00, www.hamburgcruisecenter.eu
Anfahrt: U4 Überseequartier, Bus 111 Am Dalmannkai

Speicherstadt und HafenCity

Immer wieder ein Gänsehauterlebnis: Die „Queen Mary 2" läuft aus.

Da Hamburg inzwischen von weit mehr als hundert Kreuzfahrtschiffen pro Jahr angelaufen wird, reichte der Terminal in der HafenCity allerdings nicht aus. In weniger als drei Jahren Bauzeit (2008–2011) wurde daher am Edgar-Engelhard-Kai in Altona ein weiterer Kreuzfahrtterminal gebaut – mit einer Kailänge von 360 Metern, einer integrierten Passagierbrücke und einer Wassertiefe von zwölf Metern über NN. Wo früher die Englandfähre festmachte, die im Liniendienst zwischen Hamburg und Harwich pendelte, werden nun Passagiere zu kurzen oder längeren Reisen an Bord genommen (Hamburg Cruise Center Altona, Van-der-Smissen-Straße 5, 22767 Hamburg-Altona). Nehmen Sie sich ein wenig Zeit, um die Umgebung zu erkunden. Es ist von dort nicht weit zum „Dockland" **(41)** und zum „Stilwerk" (einem Einkaufszentrum der gehobenen Qualität). Zahlreiche gute Restaurants liegen auf der Meile, und nicht zuletzt können Sie ein wenig Fischereihafen-Atmosphäre schnuppern – wenn Sie sehr früh aufstehen **(40)**.

Ein Flaggschiff für Hamburg
Die Elbphilharmonie

Beim sonntäglichen Bummel durch die HafenCity sind sie nicht zu übersehen: Besuchergruppen in Gummistiefeln und mit gelben Schutzhelmen stapfen zielstrebig durch den Stadtteil – zum neuen Flaggschiff Hamburgs, der Elbphilharmonie. Oder besser gesagt: zu ihrer Baustelle.

Das Konzerthaus gehört zu den drei Leuchtturmprojekten der HafenCity. Und die Elbphilharmonie wird tatsächlich an einer exponierten Stelle gebaut. Die wellenförmig geschwungene Stahl- und Glaskonstruktion schwebt auf dem trutzigen Kaispeicher A aus dem Jahr 1963. Hier am Kaiserhöft stand bereits um 1875 das größte Lagerhaus seiner Zeit, das schnell zum Wahrzeichen des Hamburger Hafens wurde. Jetzt soll hier „eine vertikale Stadt in der Stadt" entstehen, wie es Pierre de Meuron, einer der verantwortlichen Architekten, beschreibt. Auf dem Dach des Kaispeichers in 37 Metern Höhe ist eine Plaza mit Bars geplant, die man über eine 82 Meter lange Rolltreppe erreichen kann. Neben einem Hotel, 45 Wohnungen und einem weiteren Saal bildet das Herz des Gebäudes der große Konzertsaal, der 2150 Gästen Platz bieten wird.

Um Karten für die Besichtigung der Baustelle wird heftig gerungen, aber die Mühe ist es wert. Sonntags ab 10 Uhr starten alle 45 Minuten die 90-minütigen Führungen am Elbphilharmonie Pavillon auf den Magellan-Terrassen. Fit sollte man allerdings sein, denn man erreicht nur über die Treppe den zwölften Stock, wo man mit einem sagenhaften Blick über die Elbe belohnt wird.

Wo: Elbphilharmonie, Am Kaiserkai, 20457 Hamburg-HafenCity
Highlight: Führungen durch die Baustelle der Elbphilharmonie
Infos: www.elbphilharmonie.de
Eintritt: 5 € (ermäßigt 3 €), Vorverkauf am 1. des Monats unter Tel. 0 40/35 76 66 66, online oder im Elbphilharmonie Kulturcafé am Mönckebergbrunnen (Barkhof 3). Zwei Monate Vorlauf einplanen!
Anfahrt: U3 Baumwall, Bus 111 Am Kaiserkai (Elbphilharmonie), Hafenfähre 72 Elbphilharmonie

Speicherstadt und HafenCity

So soll sie aussehen, wenn sie fertig ist: die Elbphilharmonie. Mit 110 Metern Höhe wird sie das höchste bewohnte Gebäude Hamburgs sein.

Große Musik und großer Klang: Das Bild zeigt den geplanten großen Konzertsaal mit den Terrassen für das Publikum und dem an der Decke angebrachten Schallreflektor.

Eine Orgel für Bach
Die Hauptkirche St. Katharinen

Viele finden, der Katharinen-Turm mit seinem mehrstufigen barocken Helm sei der schönste in der Stadt. Am Schaft der Turmspitze erkennt man die goldene Krone der Kirchenpatronin, der heiligen Katharina von Alexandrien. Der Legende nach soll die Krone aus dem Goldschatz Klaus Störtebekers **(17)** hergestellt worden sein.

St. Katharinen am Rande von Speicherstadt und HafenCity ist die dritte der fünf Hauptkirchen des alten Hamburgs – gegründet Mitte des 13. Jahrhunderts, als durch Eindeichung der Stadt neue Gebiete hinzukamen. Sie wurde die Kirche der Seeleute. Heute gewinnt sie mit dem Bau der HafenCity quasi altes Gemeindegebiet zurück. Gleichzeitig ist sie Universitätskirche und seit alters her ein Zentrum der Kirchenmusik.

Die farbig gefasste Holzfigur der heiligen Katharina mit Krone (erste Hälfte des 15. Jahrhunderts) steht im Südschiff der Kirche.

Sogar Johann Sebastian Bach war zweimal hier: 1701 ging er von Lüneburg zu Fuß nach Hamburg, um den berühmten Katha-

Wo: Bei den Mühren/Katharinenkirchhof 1, 20457 Hamburg-Altstadt
Wann: Geöffnet täglich 11–17 Uhr, Gottesdienst So 11 Uhr
Highlights: Die Orgel, der Turmhelm mit Katharinenkrone
Infos: Tel. 0 40/30 37 47-30 (Mo bis Fr 9–12 Uhr), www.katharinen-hamburg.de, www.stiftung-johann-sebastian.de
Anfahrt: U1 Meßberg, Busse 4, 6 Brandstwiete

rinen-Organisten Johann Adam Reincken auf der ebenso berühmten Katharinen-Orgel zu hören, 1720 bewarb er sich um die Organistenstelle an St. Jacobi **(7)** und gab dafür ein Konzert in St. Katharinen. An der Orgel hat es jedenfalls nicht gelegen, dass sich die Bewerbung zerschlug. Das frühbarocke Instrument war immer mehr um neue Klangfarben erweitert und auf 58 Register mit vier Manualen ausgebaut worden. Zeitlebens bedauerte Bach, selber keine so große und schöne Orgel zu seiner Verfügung gehabt zu haben. „Schönheit und Verschiedenheit des Klanges dieses in allen Stücken vortrefflichen Werkes konnte er nicht genug rühmen", berichtete sein Schüler Johann Friedrich Agricola.

Im Bombenhagel und Feuersturm von 1943 verbrannte mit der gesamten Kirchenausstattung auch die Orgel. Zum Glück aber waren 520 der für den Klang so wichtigen Metallpfeifen in die Gewölbe der Nikolaikirche **(11)** ausgelagert worden und haben dort den Krieg überstanden.

Turmhelm der Hauptkirche St. Katharinen

Nun ist Bachs „Lieblingsorgel" wieder zum Klingen gebracht worden. Unter Verwendung der originalen Pfeifen wurde das Kulturdenkmal seit 2007 rekonstruiert. Die hierzu ins Leben gerufene „Stiftung Johann Sebastian" wirbt bei Bach- und Orgelfreunden aus aller Welt um Spenden und Pfeifenpatenschaften.

Schon vor der feierlichen Orgelweihe im Juni 2013 ist die umfangreiche Bausanierung der Kirche abgeschlossen worden.

Einziges schwimmendes Gotteshaus
Die Flussschifferkirche

Die Längsräume eines Kirchengebäudes heißen Schiff, und seit ihren Anfängen versteht sich die Kirche symbolisch als Schiff in rauer See. Schließlich fuhr schon Jesus mit seinen Jüngern im Boot bei Sturm auf dem See Genezareth herum – wenn er nicht gerade auf dem Wasser wandelte. Bei der Flussschifferkirche in Hamburg sind Symbol und Sache eins: Dieses „Kirchenschiff" schwimmt wirklich, als einziges dieser Art in Deutschland. Unscheinbar, aber mit Glockenturm und Kreuz auf dem Dach unverkennbar ein Gotteshaus, liegt der 1952 zur Kirche umgebaute Weserleichter – Baujahr 1906 – zwischen den Barkassen am Kajen gegenüber Speicherstadt und HafenCity. Nach verschiedenen Stationen im Hamburger Hafengebiet ist die Flussschifferkirche 2006 hierher verholt worden, ein Förderverein gewährleistet ihren Erhalt. Auf dem Ponton, den Sie über den Kehrwiedersteg erreichen, steht das Gemeindehaus: acht aneinandergereihte Container, darauf ein großes hölzernes Ankerkreuz als Wahrzeichen der Flussschiffergemeinde.

Etwa 130 Besucher haben in dem schlichten holzgetäfelten Kirchenraum im Schiffsinneren Platz. Neben Altar, Taufbecken und Kanzel gibt es auch eine richtige Orgel. Zu den sonntagnachmittäglichen Gottesdiensten, die ehrenamtlich von verschiedenen Pastoren und Diakonen gehalten werden, kommen Binnenschiffer mit ihren Familien, Menschen, die in der Nähe

Wo: Hohe Brücke 2, 20459 Hamburg-Altstadt
Wann: Gottesdienst So 15 Uhr, Besichtigung möglich während der Öffnungszeiten des Cafés „Weite Welt" (Mo bis Fr 8–17 Uhr) und jederzeit auf Anfrage
Highlights: Plattdeutscher Gottesdienst jeden 4. Sonntag im Monat
Infos: Tel. 0 40/78 36 88 (Kirchenbüro Mo bis Fr 8.30–12.30 Uhr), www.flussschifferkirche.de
Eintritt: Frei, Spenden erbeten
Anfahrt: U3 Baumwall

Speicherstadt und HafenCity

Die Flussschifferkirche, im Hintergrund die am Binnenhafen gelegenen Gebäude der Speicherstadt mit dem Kehrwiedersteg

des Hafens wohnen, aber auch Touristen, die zufällig hereinschneien und sich von der besonderen Atmosphäre fesseln lassen. Taufen und Trauungen sind hier ebenfalls möglich. Sehr beliebt sind die plattdeutschen Gottesdienste an jedem vierten Sonntag im Monat, dann ist die Kirche rappelvoll.
Auch Konzerte, Lesungen, Vorträge und viele andere interessante Veranstaltungen finden in der Flussschifferkirche statt.
Das Café „Weite Welt" im Gemeindehaus wird vom Rauhen Haus betrieben, dessen Gründer Johann Hinrich Wichern 1870 den Anstoß zur evangelisch-lutherischen Binnenschifferseelsorge in Hamburg gab, getreu seinem Grundsatz: „Wenn die Menschen nicht zur Kirche kommen können, muss die Kirche zu den Menschen kommen." Er schickte den ersten Hafenmissionar per Boot zu den Binnenschiffen im Hamburger Hafen. Für die heutige Flussschiffergemeinde ist zweimal wöchentlich die Barkasse „Johann Hinrich Wichern" mit zwei Teams unterwegs.

Speicherstadt und HafenCity
Ein Rundgang

Wir starten an der U-Bahn-Station Baumwall **(33)**. Vor Ihnen entfaltet sich das Panorama des Hafens und der Speicherstadt **(23)**. Einmalig! Nach Überqueren der Niederbaumbrücke orientieren Sie sich scharf links, gehen direkt am Wasser am Hanseatic Trade Center entlang bis zum Kehrwiedersteg, wo Sie einen Abstecher zur einzigartigen Flussschifferkirche **(31)** machen sollten. Zurück am Kehrwieder geht es weiter zur rechts gelegenen Kaffeerösterei, in die Sie schon wegen des guten Geruchs hineinschauen sollten (schönes Ambiente mit Gastronomie und kleinem Museum); kurz danach ein Muss, das Miniatur Wunderland Hamburg **(24)**. Nun scharf rechts in Auf dem Sande einbiegen. Nach rund 70 Metern stehen Sie vor dem Kesselhaus (am hohen Schornstein zu erkennen), in das Sie unbedingt hineingehen sollten (kein Eintritt), um sich das riesige Modell der HafenCity **(27)** anzuschauen, das immer auf dem neuesten bauhistorischen Stand ist. Für Gewürzfreaks lohnt ein Abstecher ins nahe gelegene Gewürzmuseum (Am Sandtorkai 32) und das Spei-

cherstadtmuseum (Am Sandtorkai 36), das Sie auf jeden Fall besuchen sollten, wenn Sie mehr über die Geschichte der Speicherstadt und wie hier gearbeitet wurde erfahren wollen. Danach gehen Sie wieder am Kesselhaus vorbei etwa 400 Meter bis zur Neuerwegsbrücke. Von dort sehen Sie schon das „Rathaus der Speicherstadt", wie die Firmenzentrale der Hamburger Hafen und Logistik AG (HHLA), Bei St. Annen 1, auch genannt wird. Imposant!

Weiter geht's nach links, am Zollkanal entlang wieder zurück, mit schönem Blick auf die gegenüberliegende Hauptkirche St. Katharinen **(30)** mit ihrem barocken Turmhelm und der über dem Mittelschiff „schwebenden" goldenen heiligen Katharina. Auf der jüngst rekonstruierten Orgel soll schon Johann Sebastian Bach gespielt haben. Nach etwa 300 Metern erreichen Sie die Kibbelstegbrücke. Bitte nun die Wendeltreppe hinaufsteigen, oben angekommen geht's nach links und dann auf der Hochbrücke weiter bis zu den Magellan-Terrassen (schöner Blick auf den Traditions-

Speicherstadt und HafenCity

schiffhafen am Sandtorkai). Auf dem lang gezogenen Ponton gibt es viel Schiff zu sehen. Von der ehemaligen Senatsbarkasse „Schaarhörn" bis zu historischen Seglern liegt hier alles, was nicht nur maritime Herzen erfreut. Und vor Ihnen erhebt sich – unendlich hoch aufragend und auf einem Klinkersteinquader thronend – die Elbphilharmonie **(29)**, das Wahrzeichen der HafenCity und, wenn es einmal fertig gebaut sein wird, ein Konzerthaus von internationalem Rang. Gehen Sie vom Anleger über die Brücke Am Kaiserkai ganz nah ran. Gigantisch! Unser Spaziergang endet hier. Diejenigen, die gut zu Fuß sind, sollten sich den Kreuzfahrtterminal „Hamburg Cruise Center HafenCity" **(28)** ansehen und danach dem Internationalen Maritimen Museum **(26)** in der Koreastraße einen Besuch abstatten. Von der Elbphilharmonie geht es entweder wieder zum Baumwall zurück oder mit der Fähre **(34)** vom Anleger Elbphilharmonie zu den Landungsbrücken.

Die Hafenkante: Von den Landungsbrücken bis Övelgönne

32   Der Hamburger Hafengeburtstag
33   Mit der U3 zu den Landungsbrücken
34   Die HADAG-Hafenfähren
35   Cap San Diego
36   Rickmer Rickmers
37   Feiern auf der MS Hedi
38   Der Alte Elbtunnel
39   Deutschlands nördlichster Weinberg
40   Der Fischmarkt
41   Dockland und Fischereihafen Restaurant
42   Museumshafen Oevelgönne
43   Die Strandperle in Övelgönne
44   Der alte Schwede

Das größte Hafenfest der Welt
Der Hamburger Hafengeburtstag

Wir schreiben den 6. Mai 1977. Wunderschönstes Sonnenwetter, 800 000 Besucher, nächtliches Feuerwerk im Hafen, der Hafenbasar entlang den Landungsbrücken, das größte Labskaus-Essen der Welt, der Geschicklichkeits-Slalom der zehn besten Hafenrangierer, die Versteigerung von 30 Fußbällen mit Autogrammen von Uwe Seeler, und im Schuppen 75 B tanzen 4000 Gäste zu der Musik des Hazy Osterwald Jet-Set-Orchesters: Der Hamburger Hafengeburtstag hat viel zu bieten.

Dieser 788. Hafengeburtstag war der erste, der öffentlich gefeiert wurde, und obwohl sich nur wenig später herausstellte, dass die „Geburtsurkunde" – der Freibrief, mit dem Kaiser Friedrich Barbarossa der Stadt am 7. Mai 1189 Zollfreiheit vom Hafen bis zur Elbmündung gewährte – eine Fälschung ist, wurde aus dem at-

Windjammerparade beim Hafengeburtstag

traktionsreichen Spektakel eine Tradition.

Zugegeben: Der Mai präsentierte sich über die Jahre den Feierwütigen nicht immer sonnig, sondern auch mal mit Schietwetter, die Besucherzahl hat die Millionenmarke längst überschritten, das Orchester wird von diversen Cover-Bands ersetzt, und die Uwe-Seeler-Bälle sind mittlerweile ausgegangen. Aber der Hafengeburtstag ist und bleibt das beliebteste Volksfest der Hansestadt, ihrer Bewohner und Besucher. Die wichtigsten Gratu-

Wo: Hamburger Hafen von der Speicherstadt bis St. Pauli
Wann: 2. Wochenende im Mai
Highlights: Ein- und Auslaufparade, Schlepperballett, Drachenbootrennen
Infos: www.hamburg.de/hafengeburtstag
Anfahrt: S1, S3, U3, Hafenfähre 62 Landungsbrücken

Die Hafenkante

Publikumsmagnet auf dem Hafengeburtstag: das Schlepperballett

lanten sind alljährlich die zahlreichen Großsegler, Kreuzfahrtschiffe und anderen Wasserfahrzeuge jeglicher Bauart, die regelmäßig im Mai auch auswärtige Schiffsliebhaber an die Hafenkante locken, wo sie gemeinsam mit den Hamburgern drei Tage feiern, beobachten und staunen. Spätestens das Schlepperballett, weltweit einmalig, macht aus jeder Landratte für eine Stunde einen begeisterten Hamburger „Fischkopp".

Schöne Aussichten
Mit der U3 zu den Landungsbrücken

Eine Stadtrundfahrt mit der U-Bahn? Doch, das geht, denn in Hamburg ist die U-Bahn auf weiten Strecken eine „Hochbahn". In der Haltestelle Rathaus warten wir am Bahnsteig Richtung Schlump/Barmbek auf die U3 und suchen uns fix einen Fensterplatz in Fahrtrichtung auf der linken Seite. „Zuurückbleim bidde", und schon geht es los. Ganz schön ruckelig. Beim Bau der Strecke ab 1906 konnte die Bahn nicht den direkten Weg Richtung Rödingsmarkt nehmen, sondern wurde in einer sehr engen S-Kurve unter dem Gebäude der Handelskammer (2) durchgeleitet. Und – im Magen merkt man es zuerst – leicht bergauf geht es doch auch? Stimmt, auf einmal kneifen alle die Augen ein wenig zu, das blendet ja richtig! Die U-Bahn verlässt den Hamburger Untergrund, hoch und höher geht es hinaus, über das steilste Stück einer U-Bahn in Deutschland auf das stählerne Viadukt, das sich direkt über dem Mönckedammfleet befindet. Nächste Haltestelle: Rödingsmarkt. Hier verläuft die U-Bahn-Strecke eingeklemmt zwischen Büro- und Geschäftshäusern, sodass man den Damen und Herren im Business-Outfit fast auf die Finger schauen kann. Aber nun, Augen (schräg) geradeaus, das Herz der Hansestadt liegt vor uns, wir rauschen ins Hafengebiet!

Hinter den hoch aufragenden Backsteinbauten der Speicherstadt (23), weltgrößter, auf Eichenpfählen gegründeter Lagerhauskomplex, lugen die modernen Bauten der HafenCity (27) hervor, an der Spitze die Elbphilharmonie (29). Egal wie oft man die Strecke fährt, egal aus welcher Richtung, nie hat man alles entdeckt. Die Station Baumwall verrät, dass wir nun an der ehemaligen Zollsperre zum Halten kommen (ein Baum-

Wo: Beginn am Rathausmarkt, 20095 Hamburg-Altstadt
Wann: Zu jeder Zeit ein besonderes Erlebnis
Highlight: Begleitung durch die HVV-Audiotour
Infos: www.hvv.de/wissenswertes/hamburg-besucher/audiotour
Anfahrt: U3 ab Rathaus bis Landungsbrücken

stamm versperrte hier bis ins 19. Jahrhundert die Binnenhafeneinfahrt). Ab jetzt geht es fast direkt an der Hafenkante entlang, wo uns zuerst der City Sporthafen mit seinen vielen kleinen Segel- und Motorjachten auffällt, der „Gästeparkplatz" des Hafens. Inmitten dieser weißen Flotte leuchtet knallrot das Feuerschiff LV 13 (heute Bar, Restaurant, Hotel).

Bunt und laut geht es auf der anderen Hafenseite zu, seitdem im Theater im Hafen Hamburg achtmal die Woche das Musical „Der König der Löwen" aufgeführt wird. Den Löwenkopf, der über dem Theaterbau prangt, sieht man (bei gutem Wetter) sogar aus der U-Bahn.

Weiter geht's in Richtung der Pontonanlagen der St. Pauli-Landungsbrücken, vorbei am schwimmenden Museum Nummer eins, dem behäbig wirkenden Stückgutfrachter „Cap San Diego" **(35)** nahe der Überseebrücke, und dem schwimmenden Museum Nummer zwei, dem eleganten Windjammer „Rickmer Rickmers" **(36)**.

Die Bahn wird bereits langsamer, als wir das 1906–1910 erbaute Abfertigungsgebäude des Schiffsanlegers mit dem Pegel-

turm und den markanten Kuppeln richtig ins Auge fassen können. Da fahren wir auch schon ein in den letzten oberirdischen Bahnhof auf dem Hafenviadukt, Landungsbrücken. Nur fünf Minuten hat die Fahrt bis hierher gedauert, eigentlich viel zu kurz, um alles an der Strecke zu entdecken. Wollen wir nicht doch noch mal …? Aber nein, an dieser Stelle überlassen wir Sie wieder sich selbst. Steigen Sie aus und entdecken Sie die Landungsbrücken und den Alten Elbtunnel **(38)** zu Fuß, oder fahren Sie noch eine Station bis St. Pauli, und machen Sie den Kiez mit seinen Kleinkunstbühnen, Theatern **(48)** und kultigen Musikclubs **(47)** unsicher.

Ein heißer Tipp, um Hamburg (noch) besser kennenzulernen: Wechseln Sie einfach die Fahrtrichtung und investieren Sie etwa 40 Minuten in eine komplette Rundfahrt auf der alten und neuen Ringlinie U3. Der Hamburger Verkehrsverbund (HVV) bietet dazu auf seiner Website eine Audiotour für den MP3-Player, sodass Sie viel Historisches und Amüsantes links und rechts der U-Bahn-Strecke erfahren können.

Mit dem „Bügeleisen" auf der Elbe
Die HADAG-Hafenfähren

Man kann zu Touristenpreisen eine Hafenrundfahrt buchen und sich von einem Kapitäns-„Original" die mehr oder weniger wahre Geschichte des Hamburger Hafens erzählen lassen, man kann sich aber auch einfach ein Ticket des Hamburger Verkehrsverbunds (HVV) kaufen und auf einer der HADAG-Hafenfähren das maritime Hamburg auf eigene Faust erkunden. Für Ausflüge ins Alte Land gilt die Überfahrt mit der Elbfähre in Blankenese (84) oder mit den Hafenfähren bei den Hamburgern sowieso als die stilvollste Art der Fortbewegung. Andere sehen das Ganze eher unter praktischem Aspekt: Für viele Beschäftigte im Hafen oder bei Airbus in Finkenwerder gehört die Fahrt mit der Fähre zum täglichen Arbeitsweg. Am Anfang stand eine Schnapszahl: Am 8.8.1888 erhielt die „Hafendampfschiffahrt-Actien-Gesellschaft" ihre Konzession, und schon 1890 betrieb die HADAG ihre Linien auf der Elbe mit 47 Schiffen. Später kam der Bäderdienst Richtung Helgoland und Sylt hinzu. Nach wechselvoller Geschichte betreibt die HADAG heute mit 21 Schiffen sechs Fährlinien, die insgesamt 25 Anlegestellen bedienen. In den 1990er-Jahren wurde ein neuer Schiffstyp entwickelt, der wegen seiner Form im Volksmund „Bügeleisen" heißt. Im Gegensatz zu den traditionellen Schiffen befindet sich die Brücke achtern erhöht, der Blick rundum ist also frei. Hauptanlegestelle

Wo: Landungsbrücken, 20359 Hamburg-St. Pauli
Wann: Laut HVV-Fahrplan, Achtung: die Fahrtzeiten sind von der Tide abhängig.
Highlights: Hafenatmosphäre, Blick auf Hamburg von der Elbe aus
Infos: www.hvv.de, www.hadag.de/hafenfaehren.php
Anfahrt: S1, S3, U3 Landungsbrücken, von dort zum Beispiel Hafenfähre 62 nach Finkenwerder (täglich im 15-Minuten-Takt), Anschlussmöglichkeit mit Linie 64 nach Teufelsbrück (am Wochenende im 30-Minuten-Takt). Die neue Linie 72 verbindet die Landungsbrücken mit dem Anleger Elbphilharmonie (täglich im 30-Minuten-Takt).

Die Hafenkante

Immer im Hafen unterwegs: die Fähren der HADAG

sind die St. Pauli-Landungsbrücken **(33)**.
Für Ausflügler besonders zu empfehlen ist die Linie 62 Landungsbrücken–Finkenwerder und zurück. Eine schöne Elbfahrt vorbei am Alten Elbtunnel **(38)**, Blohm + Voss, dem Altonaer Fischmarkt **(40)**, dem Kreuzfahrtterminal Altona **(28)**, der architektonischen „Perlenkette" am Övelgönner Ufer bis zum Museumshafen am Anleger Neumühlen **(42)**, und dann auf die andere Seite der Elbe nach Finkenwerder. Von dort gibt es Anschluss mit der Linie 64 hinüber nach Teufelsbrück **(79)**. Die Linie 62 verkehrt eng getaktet auch am Wochenende und an Feiertagen, Fahrradmitnahme ist möglich.

Mit der neuen Linie 72 kann man inzwischen auch die Elbphilharmonie **(29)** per Hafenfähre von den Landungsbrücken aus erreichen.

Weltgrößtes Museums-Frachtschiff
Cap San Diego

Ist es nicht ein wunderschönes Schiff, das da sicher vertäut vor der Überseebrücke liegt? Nach einer Bauzeit von nur fünf Monaten lief am 15. Dezember 1961 der von der Reederei Hamburg Süd in Auftrag gegebene Frachter bei der Deutschen Werft vom Stapel. Danach verkehrte die „Cap San Diego" im Liniendienst zwischen Europa und Südamerika. Im Jahr 1981 wurde sie verkauft, zurückgechartert, wieder verkauft und schließlich von der Freien und Hansestadt Hamburg 1986 unmittelbar vor dem Verschrottungstermin gerettet, renoviert und als Museumsschiff in den Hamburger Hafen verbracht. Seit 2003 steht sie unter Denkmalschutz.

Der Stückgutfrachter ist nicht nur ein Industriedenkmal, sondern auch eine Ikone für Schiffsästheten. Der Hamburger Architekt Cäsar Pinnau gab dem Schiff, das über einen Salon und einen kleinen Pool an Deck verfügt, die elegante Form und gestaltete die Inneneinrichtung mit.

Viele ehrenamtlich tätige ehemalige Seeleute sorgen heute dafür, dass die „Cap San Diego" fahrtüchtig gehalten wird und mindestens einmal im Jahr auf „große Fahrt" geht – nämlich nach Cuxhaven oder durch den Nord-Ostsee-Kanal nach Kiel. Besichtigen können Sie dieses Wunderwerk der Technik über einen Rundgang, der Sie von der Kommandobrücke bis in den Maschinenraum, den Wellentunnel und die Ladeluken führt. Die „Cap San Diego" ist das weltgrößte seetüchtige Museums-Frachtschiff.

Seltener Anblick: die „Cap San Diego" auf großer Fahrt. Vorne der Burchardkai

Wo: Überseebrücke, 20459 Hamburg-Neustadt
Wann: Täglich 10–18 Uhr, außer 24. Dezember
Infos: Tel. 0 40/36 42 09 (Bordbüro Mo bis Fr 9.30–14.30 Uhr), www.capsandiego.de
Eintritt: 7 € (ermäßigt 4 €), Kinder unter 14 Jahren 2,50 €
Anfahrt: S1, S3 Landungsbrücken, U3 Landungsbrücken oder Baumwall

Die Hafenkante

Unter vollen Segeln
Rickmer Rickmers

Ihr Rumpf ist knallgrün lackiert, die Masten reichen scheinbar bis zum Himmel – unübersehbar liegt dieser stolze Windjammer in prominenter Lage vor den St. Pauli-Landungsbrücken. Das war nicht immer so, denn das 1896 aus Stahl gebaute Vollschiff „Rickmer Rickmers" kann auf eine wechselvolle Geschichte zurückblicken. Der ursprünglich auf den Namen Max getaufte Frachtsegler wurde im Kriegsjahr 1916 auf den Azoren beschlagnahmt, von nun an transportierte der in „Flores" umbenannte Windjammer Kriegsmaterial. Danach setzte die portugiesische Marine den Großsegler als Schulschiff ein, bis er schließlich 1983 dem Verein „Windjammer für Hamburg" übergeben wurde. Die zentnerschwere Galionsfigur stammt vom Holzbildhauer Dieter Meyer. Nach mehrjähriger

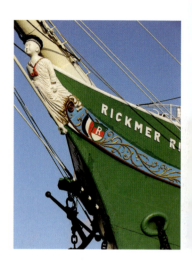

Galionsfigur am Bug der „Rickmer Rickmers"

Restaurierung liegt die „Rickmer Rickmers", die von der gleichnamigen Stiftung ohne öffentliche Zuschüsse unterhalten und betrieben wird, nun als Museumsschiff im Hamburger Hafen. Es ist ein großes Erlebnis, auf diesem 97 Meter langen Relikt

Wo: Bei den St. Pauli-Landungsbrücken, Ponton 1 A/Fiete-Schmidt-Anleger, 20359 Hamburg-St. Pauli
Wann: Geöffnet täglich 10–18 Uhr; im Sommer verlängerte Öffnungszeiten (siehe Website)
Infos: Tel. 0 40/3 19 59 59, www.rickmer-rickmers.de
Anfahrt: S1, S3 Landungsbrücken, U3 Landungsbrücken oder Baumwall

Die Hafenkante

Die „Rickmer Rickmers" vor den St. Pauli-Landungsbrücken

einer vergangenen Zeit an Deck zu stehen, die Masten hinaufzuschauen und darüber nachzudenken, wie es an Bord zugegangen sein mag und wie das Schiff unter knarrenden Segeln auf den Weltmeeren unterwegs war. Die „Rickmer Rickmers" hat viele glückliche Reisen gemacht, aber es waren auch einige unglückliche darunter, wie die im August 1904, als in einem Orkan vor dem Kap der Guten Hoffnung die Ladung verrutschte, sodass das Schiff zu kentern drohte und nur durch das Kappen des dritten Mastes gerettet werden konnte.

Einen Hauch davon, wie hart es auf diesen Schiffen zugegangen ist, aber auch von Windjammer-Romantik können Sie bei einem Rundgang durch und über das Schiff schnuppern, um es sich danach im Bordrestaurant in authentischen maritimen Räumen gut gehen zu lassen.

Der schwimmende Club auf der Elbe
Feiern auf der MS Hedi

Unter der Woche ist die „MS Hedi" sozusagen inkognito als normale Touristenbarkasse unterwegs. Doch am Wochenende (und an immer mehr Wochentagen) verwandelt sich das Schiff in „Frau Hedis Tanzkaffee", den schwimmenden Club auf der Elbe. Stündlich können Partygäste an Brücke 10 der St. Pauli-Landungsbrücken zu- und aussteigen. Die Tour geht durch den Hamburger Hafen oder die Elbe rauf und runter, vorbei an den großen Pötten, der nächtlich beleuchteten Speicherstadt und der Hafenrandkulisse – mit Bar und Diskokugeln, wechselnden DJs und Bands an Bord. Das Publikum ist bunt gemischt, Dresscodes gibt es nicht. Schnell steigt die Stimmung, es dauert nicht lange, bis alle tanzen, sodass das Schiff nicht nur durch den Wellengang ins Schwanken gerät. Mit etwas Glück gibt es noch ein Feuerwerk im Hafen oder auf dem Dom **(51)** gratis dazu. Ein bisschen ruhiger lässt es sich bei Lesungen und Spieleabenden und sonntagnachmittags bei „Frau Hedis Jazz Kaffee" an. Das Musikspektrum des Clubs reicht von Beat, Punk, Funk über Latin, Swing, Soul oder finnischen Tango bis zu serbischer Blasmusik und sozialistischen Liederabenden. Verschiedene Hamburger Clubs veranstalten Touren mit der Partybarkasse, auch für private und geschäftliche Veranstaltungen kann sie gemietet werden.

Die Idee hatte Veranstalter Andreas Schnoor vor einigen Jahren, nachdem er lange vergeblich nach einem Club in Hamburg gesucht hatte. Aus der Barkassen-Notlösung ist mittlerweile

Wo: Bei den St. Pauli-Landungsbrücken 10 (Innenkante), 20359 Hamburg-St. Pauli
Wann: Fr und Sa stündlich ab 17 Uhr bis 24 Uhr
Infos: Tel. 01 76/83 06 10 71, www.frauhedi.de
Eintritt: Je nach Veranstaltung circa 6–10 € (www.frauhedi.de/ticketshop)
Anfahrt: S1, S3, U3 Landungsbrücken

ein Event geworden, das kaum noch als Geheimtipp gelten kann, sondern manchem Beachclub am Elbufer den Rang abgeschippert hat. Es passen nur etwa hundert Leute auf das Boot, daher sollte man den Kartenvorverkauf nutzen (zum Beispiel auf der Website www.frauhedi.de/ticketshop). Mit einer im Vorverkauf erworbenen Karte kommt man auf jeden Fall bei der ersten Abfahrt mit an Bord, unabhängig vom Andrang. Später muss man sich anstellen wie alle anderen auch. Zum Glück sind inzwischen noch die Schwesterbarkassen „MS Claudia", „MS Monika", „MS Christa" und „MS Ursula" dazugekommen.

Wer einmal auf dem Partyschiff gefeiert hat, kommt gerne wieder – und ins Schwärmen: „Tolle Location, tolle Menschen, tolle Parties ..." „Hedi, ich will einen Kutter von dir ..."

Junggesellen- und Junggesellinnenabschiede sind bei Frau Hedi allerdings unerwünscht (die Veranstalter werden ihre Gründe haben).

Beim Feiern auf der „MS Hedi" und ihren Schwesterschiffen „MS Claudia", „MS Monika", „MS Christa" und „MS Ursula" bleibt kein Auge trocken.

Die Hafenkante

Unter der Elbe alles zu Fuß
Der Alte Elbtunnel

Eine technische Meisterleistung war und ist der 1911 eröffnete, 2003 unter Denkmalschutz gestellte St. Pauli-Elbtunnel, der seit dem Bau des Autobahntunnels zwischen Othmarschen und Waltershof 1975 meist „Alter Elbtunnel" genannt wird. Er verbindet die Hamburger Innenstadt mit den Hafenanlagen in Steinwerder. Der Bau war nötig geworden, weil der wachsende Strom von Arbeitern und Gütern über die Elbe allein mit Fähren nicht mehr zu bewältigen war. Der Tunnel wird immer noch als öffentlicher Verkehrsweg genutzt, für viele aber ist er vor allem ein liebevoll gepflegtes Stück Hamburger Geschichte – mit Kultfaktor. So manches Filmteam hat hier gedreht, der längste Modelleisenbahnzug der Welt wurde aufgebaut, ein Elbtunnel-Marathon veranstaltet und die „Elb-Art" mit zeitgenössischer Kunst aus dem In- und Ausland präsentiert.

Der Kuppelbau über dem Eingang bei den St. Pauli-Landungsbrücken soll mit seiner repräsentativen, an das römische Pantheon erinnernden Architektur Technik und Verkehr verherrlichen (H. Hipp), während man sich beim Pendant auf dem Werftgelände in Steinwerder mit einem kargen Backsteinbau begnügte. Der Zugang zu den beiden 24 Meter unter dem Elbspiegel gelegenen, 426,5 Meter langen Tunnelröhren mit sechs Metern Durchmesser erfolgt jeweils durch einen zylindrischen Schacht. Vier Aufzugskörbe transportieren Kraftfahrzeuge,

Wo: Bei den St. Pauli-Landungsbrücken, 20359 Hamburg-St. Pauli
Wann: Für Fußgänger und Radfahrer kostenlos durchgehend geöffnet (außer Silvester 21–4 Uhr), für Kraftfahrzeuge Mo bis Fr 5.30–20 Uhr (außer Feiertage)
Highlights: Die Technik, die Dekoration, Wanderung unter der Elbe, Blick von der anderen Elbseite auf die Hamburger Innenstadt
Infos: www.hamburg-port-authority.de (unter „Der Hafen Hamburg")
Eintritt: frei; Einzelfahrschein für Kraftfahrer 2 € am Automaten
Anfahrt: S1, S3, U3 Landungsbrücken

Die Hafenkante

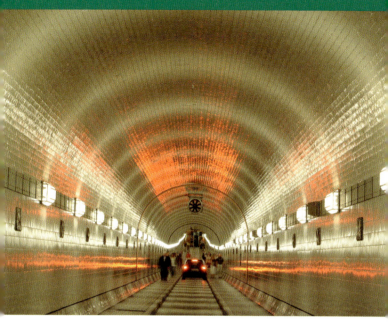

24 Meter unter der Elbe: der Alte Elbtunnel

Radfahrer und Fußgänger. Letztere können auch die Treppe nehmen – was man zumindest beim Weg nach unten tun sollte, denn die Fahrstuhlanlage und die Dekoration des Treppenhauses sind absolut sehenswert. Das Tunnelinnere begeistert durch die vielen Reliefs mit maritimen Motiven, die in die Kachelverkleidung eingelassen sind. Allerlei Meeresgetier, aber auch Ratten und weggeworfene Gegenstände symbolisieren die darüberfließende Elbe.

Nach Durchquerung des Tunnels sollte man nach kurzem Fußweg (hinter der Zollstation scharf links herum) vom südlichen Elbufer aus das Panorama Hamburgs mit Hafenrand, Michel **(15)** und Speicherstadt **(23)** genießen.

Der Hamburger Stintfang Cuvée
Deutschlands nördlichster Weinberg

Unmittelbar oberhalb des U-Bahnhofs Landungsbrücken wachsen Reben und in sonnenreichen Sommern auch ein passabler Wein. Der dortige „Wingert" ist eine charmante Kuriosität, und die rund 40 bis 50 gewonnenen Flaschen werden vom jeweiligen Bürgerschaftspräsidenten an ausgewählte Persönlichkeiten verschenkt, die sich um Hamburg verdient gemacht haben. Die roten Regent- und weißen Phönix-Trauben werden nach der Lese im Spätherbst in Baden-Württemberg gekeltert und dann als Hamburger Stintfang Cuvée zurück an ihren Ursprungsort gebracht. Der Wein ist leicht, trocken und säurebetont. Mitarbeiter der Bürgerschaft kontrollieren regelmäßig den Weinberg, damit die Rebstöcke heil übers Jahr kommen. Manchmal sind jedoch die Diebe schneller als die Beamten und die weinlesenden Winzer, wie im September 2010, als 80 bis 90 Prozent der Trauben am Elbhang gestohlen wurden.

Von hier oben aus 20 Metern Höhe hat man übrigens auch eine großartige Aussicht auf die St. Pauli-Landungsbrücken und den Hafenbetrieb. Die volkstümliche Bezeichnung „Stintfang" für diese Elbhöhe, die das Gelände der 1620 aufgeschütteten Bastion Albertus einnimmt, lässt sich bis in das Jahr 1780 zurückverfolgen. Sie bezog sich zunächst nur auf den bis an den Fuß des Hügels heranreichenden Wallgraben, in dem es besonders viele Stinte gab. Der Stint (*Osmerus eperlanus*) ist ein Edelfisch und gehört zu den Stinklachsen. In Ost- und Nordsee zu Hause, wird der Stint auch heute noch im Mündungsgebiet der Elbe gefangen.

Wo: Am Stintfang oberhalb der St. Pauli-Landungsbrücken, 20359 Hamburg-St. Pauli
Wann: Jederzeit
Anfahrt: S1, S3, U3 Landungsbrücken

Die Hafenkante

Weinreben in Hamburg. Wenn das Foto es nicht bewiese, glaubte es keiner. Und wenn Hamburger am Rhein, am Main oder an der Mosel von einem Weinberg in ihrer Heimatstadt erzählen, werden sie meist etwas scheel angesehen. Für eine Prämierung hat es für den Hamburger Stintfang Cuvée allerdings noch nicht gereicht.

Die Hafenkante

Für Nachtschwärmer und Frühaufsteher
Der Fischmarkt

Jeden Sonntagmorgen bei Sonnenaufgang begegnen sich Zehntausende von Nachtschwärmern und Frühaufstehern auf dem traditionellen Fischmarkt am Hamburger Hafen. Fisch gibt es hier allerdings nur noch wenig zu kaufen, eher herrscht Flohmarktatmosphäre. Blumen, Grünpflanzen, Südfrüchte, lebende Hühner, Brieftauben und Kaninchen zählen zum traditionellen Angebot, Imbissbuden bestimmen das Bild. Der ruppige Umgangston der Marktschreier („Geld her!") und die Heimkehr mit unwiderstehlich günstigen Schnäppchen, die man nicht wirklich braucht (die 10-Kilo-Tüte überreife Südfrüchte zu ein paar Euro), gehören zum Einkaufserlebnis unbedingt dazu. Bei Sturmflut heißt es auf dem Fischmarkt Land unter, dann stehen der historische Backsteinbau der ehemaligen Altonaer Fischauktionshalle und die Freiflächen des Marktes unter Wasser.

Der Fischmarkt geht zurück auf zwei rivalisierende Nachbarn: den St.-Pauli-Fischmarkt, der 1861 in der damaligen Hamburger Vorstadt gegründet wurde, und den seit 1703 bestehenden Altonaer Fischmarkt, auf dem sogar sonntags vor dem Kirchgang Handel getrieben werden durfte, damit die frische Ware verkauft war, bevor sie in der Tageshitze verdarb. Nachdem beide Märkte einander jahrzehntelang Konkurrenz gemacht hatten, wurden sie 1934 zusammengelegt. Heute finden die Fischversteigerungen in aller Herrgottsfrühe in den Hallen der Fischmarkt Hamburg-Altona GmbH an der Großen Elbstraße zwischen dem Kreuzfahrt-

Wo: Große Elbstraße/Fischmarkt, 22767 Hamburg-Altona
Wann: Im Sommer So 5–9.30 Uhr, im Winter So 7–9.30 Uhr
Highlights: Einkaufen bei Sonnnenaufgang, die Marktschreieratmosphäre, das Warenangebot von Aal bis Yuccapalme
Infos: www.fischauktionshalle-hamburg.de, www.hamburg.de/fischmarkt
Anfahrt: S1, S3 Reeperbahn oder Königstraße, Busse 111 Fischauktionshalle, 112 Fischmarkt

Reges Treiben am frühen Sonntagmorgen auf dem Fischmarkt

terminal Altona **(28)** und dem Elbhang statt.

Anders als ihr Hamburger Pendant wurde die Altonaer Fischauktionshalle aus dem Jahr 1895 – eine wunderbare Eisen-Glas-Konstruktion mit Glaskuppel – in den 1980er-Jahren im letzten Augenblick vor dem Abriss gerettet und detailgetreu restauriert. Heute ist das Musterbeispiel gründerzeitlicher Ingenieurkunst ein beliebtes Veranstaltungszentrum, wo man den Tag mit Fischmarktbrunch und Live-Musik beginnen (oder ausklingen) lassen kann.

Über der Elbe schweben
Dockland und Fischereihafen Restaurant

Mächtig wie ein Schiff liegt es mitten in der Elbe – das vom Stararchitekten Hadi Teherani entworfene „Dockland" aus Glas und Stahl. Mutig ragt die Spitze des Gebäudes in den Fluss. Das trapezförmig gebaute spektakuläre Bürohaus ist aber nicht nur schön anzusehen, sondern auch ein noch nicht vielen bekannter Aussichtspunkt. Nach dem Aufstieg über eine Treppengalerie wird die Mühe reichlich belohnt. Von hier oben liegen einem der Hafen, die Elbe und der Altonaer Fischereihafen zu Füßen. Atemberaubende Architektur und ein atemberaubender Blick!

Nur einen Steinwurf von diesem futuristischen Gebäude entfernt befindet sich das „Fischereihafen Restaurant" Hamburg. Wer den Genuss von frischem Fisch liebt, ist hier bestens aufgehoben. Wie soll es auch anders sein, denn in

Eine kulinarische Institution: das „Fischereihafen Restaurant"

unmittelbarer Nähe des Fischmarkts **(40)** gelegen, ist es zum Inbegriff für eine gepflegte Gastronomie geworden, die sich vor allem der perfekten Zubereitung von Meeresgetier aller Art verschrieben hat. Schon die Umgebung an der Elbe verpflichtet zu Höchstleistungen. Solche Erwartungen an Lage und Ruf wollen eingelöst werden. Dafür sorgen seit vielen Jahren Rüdiger und Dirk Kowalke und als Küchenchef Jens Klunker, der inzwi-

Wo: Fischereihafen Restaurant, Große Elbstraße 143, 22767 Hamburg-Altona
Wann: Täglich von mittags bis tief in die Nacht
Highlights: Die Speisenklassiker, die Atmosphäre, der Blick
Infos: Tel. 0 40/38 18 16, www.fischereihafenrestaurant.de
Anfahrt: Busse 111 Fährterminal Altona und 112 Elbberg, Hafenfähre 62 Dockland (Fischereihafen)

Die Hafenkante

Das „Dockland". Im Hintergrund der Containerterminal Burchardkai

schen das Kommando über die Küchenbrigade von seinem Vater Wolf-Dieter übernommen hat. Kulinarisch bietet das Haus Bodenständiges neben einem Angebot erlesenster Qualität für verwöhnte Gaumen.
Seit mehr als 30 Jahren ist der Gourmettempel an der Elbe auch ein Treffpunkt der Prominenz und eine weltbekannte Institution.

Wo: Dockland, Van-der-Smissen-Straße 9, 22767 Hamburg-Altona
Wann: Nur tagsüber geöffnet
Highlight: Blick auf Hafen und Elbe
Infos: www.dockland-hamburg.de
Anfahrt: Bus 111 Fährterminal Altona, Hafenfähre 62 Dockland (Fischereihafen)

Hamburgs maritime Vergangenheit erleben
Museumshafen Oevelgönne

Die ehemalige Fischer- und Lotsensiedlung Övelgönne (Traditionsliebende schreiben Oevelgönne) am Elbhang ist mit ihren verwinkelten Fachwerk- und Kapitänshäusern seit dem 19. Jahrhundert ein beliebtes Ausflugsziel. 1977 kam eine besondere Attraktion hinzu: der Museumshafen hinter dem Anleger Neumühlen. Der „Museumshafen Oevelgönne e.V." restauriert und sammelt segelnde Fischerei- und Frachtfahrzeuge der Niederelbe und des Nord- und Ostseeraums (Kutter, Ewer, Tjalken), unter Dampf fahrende Hafenfahrzeuge (Schlepper), Dienstfahrzeuge mit Motorantrieb (Polizei, Zoll, Feuerschiff) und Hafenumschlagstechnik (Kräne und Hebezeuge). Der Verein besitzt inzwischen elf eigene Fahrzeuge, aber auch Hamburger Museen haben ihre Schätze in die Obhut des ältesten deutschen Museumshafens mit seinen 30 Liegeplätzen gegeben. Der Betrieb wird allein von der ehrenamtlichen Tätigkeit der aktiven Vereinsmitglieder sowie

Oldtimer im Museumshafen

Wo: Anleger Neumühlen, 22763 Hamburg-Othmarschen
Wann: Außenbesichtigung jederzeit, für Innenbesichtigung und Gästefahrt jeweilige Schiffsbesatzung fragen
Highlights: Die Gästefahrten auf den historischen Schiffen, das Café in der ehemaligen HADAG-Fähre „Bergedorf"
Infos: Vereinsbüro Tel. 0 40/ 41 91 27 61; www.museumshafen-oevelgoenne.de, www.elbe3.org; www.dampf-eisbrecher-stettin.de
Anfahrt: Bus 112 Neumühlen/Övelgönne, Hafenfähre 62 Neumühlen

von Beiträgen und Spenden getragen. Eine Besonderheit: Alle historischen Wasserfahrzeuge sind noch funktionstüchtig. Die Crews führen den Besuchern gern jedes vereinseigene Museumsschiff unter Segeln oder Dampf in Fahrt vor und geben einen Eindruck von den Schiffen, ihrer Technik und deren Bedienung. So wird Hamburgs maritime Vergangenheit lebendig.

Im liebevoll restaurierten historischen Wartehäuschen „Döns" auf dem Anleger vermittelt der Arbeitskreis „Segel setzen!" an Themenabenden außerdem alte und neue Segeltechniken von Astronavigation über Gebrauchsknoten bis Wriggen. Urig: Im Winter werden die Teilnehmer gebeten, ein Holzscheit für den Bollerofen mitzubringen.

Zu den Highlights im Museumshafen gehört die 1888 erbaute „Elbe 3". Ursprünglich auf der Weser eingesetzt, wies das als Dreimastschoner mit Hilfsbesegelung getakelte Feuerschiff, eines der ersten genieteten Eisenrumpffeuerschiffe, bis 1977 den Schiffen den Weg in die Flussmündungen – so lange wie kein anderes in Deutschland. Tagsüber dienten rote Korbbälle und nachts Petroleum-Rundum-Leuchtfeuer in den drei Masten als Signal. Bei den vom Verein angebotenen Gästefahrten, die zum Beispiel in die HafenCity **(27)** oder bis nach Cuxhaven führen, haben bis zu 50 Personen auf dem schwimmenden Denkmal Platz.

Der original erhaltene Dampf-Eisbrecher „Stettin", der mit seinen fast 2000 PS an der Schiffsschraube eine geschlossene Eisdecke von bis zu einem Meter Dicke brechen kann, war von 1933 bis 1981 auf der Oder, dem Stettiner Haff, der Unterelbe, dem Nord-Ostsee-Kanal und der Kieler Förde in Dienst. Heute wird er vom „Förderverein Dampf-Eisbrecher STETTIN e.V." im Sommer für Gästefahrten unter Dampf gehalten und dient in der übrigen Zeit als liegendes Museumsschiff.

Kultig und schräg
Die Strandperle in Övelgönne

An manchen Tagen hat man das Gefühl, dass hier ganz Hamburg den Sommer verbringt. In der Kneipe am Strand von Övelgönne sitzen Jung und Alt, Student und Auszubildender, Althippie und Neuyuppie bei Flaschenbier und Dosenwurst friedlich beisammen, buddeln im Sand, schauen sehnsüchtig den fetten Pötten hinterher, die die Elbe heraufkommen und hinabfahren, oder relaxen einfach. Wohl nirgendwo sonst ist mehr Kult als hier – in der Kioskbar mit Strandterrasse. Schon Anfang des 20. Jahrhunderts befand sich am Strand von Övelgönne an der Stelle der heutigen „Strandperle" die Altonaer Milchhalle. Damals nahm man in langen Beinkleidern ein Bad im Fluss und genoss anschließend ein Glas Milch. Während des Zweiten Weltkriegs musste die Trinkhalle schließen, wurde aber 1949 von Eva und Max Lührs erneut geöffnet. Als die Lührs' einen Nachfolger suchten, griffen Elke und Bernt Seyfert 1973 zu, und die „Strandperle" war geboren. Seit 2006 ist Kolja Thomsen für die Bewirtung der illustren Gäste verantwortlich.

Inzwischen hat die „Strandperle" sogar in der Wintersaison geöffnet – an den Wochenenden und bei schönem Wetter. Bei Glühwein oder Apfelpunsch können Sie dann die besondere Atmosphäre der Elbe im Winter erleben.

Im Laufe der Jahre ist die „Strandperle" in Övelgönne zu einem magischen Ort und einem Stück echtem Hamburg geworden.

Wo: Övelgönne 60, 22605 Hamburg-Othmarschen
Wann: Mitte März bis Oktober täglich 11–23 Uhr, November bis Mitte März Sa, So und bei gutem Wetter ab 11 Uhr
Highlights: Blick auf die Elbe, Sonnenbaden am Strand
Infos: Tel. 0 40/8 80 11 12, www.strandperle-hamburg.de
Anfahrt: Busse 112 Neumühlen/Övelgönne, 36 Hohenzollernring oder Liebermannstraße, Hafenfähre 62 Neumühlen

107 Die Hafenkante

Eiszeit in Hamburg
Der alte Schwede

Zu jeder Jahreszeit und bei jedem Licht ist eine Wanderung von Övelgönne nach Teufelsbrück **(79)** (oder umgekehrt) ein Erlebnis. Dabei fällt der Blick kurz hinter Övelgönne unweigerlich auf einen am Ufer der Elbe liegenden riesigen Granitblock. Dieser hat einen Umfang von 19,7 Metern, eine Höhe von 4,5 Metern und ein Gewicht von 217 Tonnen.

Kaum zu glauben, dass er nicht immer hier lag, sondern an diesen Platz transportiert wurde. Und das kam so: Bei Baggerarbeiten für die Vertiefung der Elbfahrrinne 1999 gelangte er ans Tageslicht. Mithilfe eines Schwimmkrans wurde der Riese am Elbufer abgelegt. Im folgenden Jahr wurde er auf den Namen „Der alte Schwede" getauft

und zu Hamburgs ältestem Einwanderer ernannt – denn er stammt aus dem schwedischen Småland und wurde von dort während der Elster-Eiszeit vom Inlandeis gen Süden geschoben, ist also mindestens 320 000 Jahre alt. Noch heute sind an seiner Oberfläche die Spuren von Kollisionen mit anderen Felsen auf seinem langen Weg vom Norden Europas bis an die Elbe zu erkennen.

Wo: Hans-Leip-Ufer, südöstlich Schröders Elbpark am Strand von Övelgönne, 22605 Hamburg-Othmarschen
Wann: Jederzeit
Highlights: Auf den Felsen klettern, nach eiszeitlichen Spuren suchen
Infos: „Skandinavien in Hamburg" von Michael Grill und Sabine Homann Engel, Ellert & Richter Verlag
Anfahrt: Busse 36 Liebermannstraße oder Halbmondsweg, 286 Halbmondsweg

Die Hafenkante

Eine geologische Attraktion ersten Ranges ist der in 15 Metern Tiefe bei Baggerarbeiten zur Fahrrinnenvertiefung in der Elbe gefundene Findling. Erst der zweite Bergungsversuch hatte Erfolg. Der alte Schwede gehört zu den größten jemals in Norddeutschland gefundenen Überbleibseln der Elster-Eiszeit.

St. Pauli: Auf dem Kiez

45 Park Fiction/Antonipark
46 Die Davidwache
47 Die Große Freiheit
48 Am Spielbudenplatz
49 St. Pauli Museum
50 Die Gelötemanufaktur auf St. Pauli
51 Der Hamburger Dom
52 Der Trutzturm von St. Pauli
53 Das Schanzenviertel

Unter Palmen entspannen
Park Fiction/Antonipark

Palmen an der Elbe? Ja, Sie sehen richtig. Nur einige Hundert Meter vom Trubel der Reeperbahn entfernt liegt eine grüne Oase, in der man zwar nicht unbedingt absolute Ruhe und Einsamkeit findet, aber ganz sicher einen Platz zum Entspannen. Viele Menschen haben dazu beigetragen, dass es diesen kleinen Park gibt und heute jeder den einmaligen Blick auf den Fluss und das Dock 10 von Blohm + Voss genießen kann. Denn eigentlich war hier Mitte der 1990er-Jahre ein großer Büro- und Wohnkomplex geplant, der eine der letzten Baulücken in St. Pauli schließen sollte. Eine Nachbarschaftsinitiative setzte schließlich nach heftigem Widerstand der Stadt durch, dass eine öffentliche Grünfläche geschaffen wurde. Engagierte Anwohner starteten das Kunstprojekt „Park Fiction", das als „kollektive

Unter Palmen liegen und auf den Hafen schauen – was kann schöner sein?

Wunschproduktion" Ideen sammelte. Diese bildeten später die Grundlage für die Gestaltung der Anlage, die auf dem Dach einer Schulsporthalle entstand und 2005 der Öffentlichkeit übergeben werden konnte.

Klemmen Sie sich Ihre Hängematte unter den Arm, schnappen sich Ihren Grill und entdecken Sie selbst, wie so kuriose Einfälle wie ein „fliegender Teppich" oder der „Teegarten" umgesetzt wurden.

Wo: St. Pauli Fischmarkt 19, 20359 Hamburg-Altona
Wann: Ganzjährig
Highlights: Freiluftwohnzimmer für St.-Pauli-Anwohner und Gleichgesinnte, Blick auf Dock 10 von Blohm + Voss
Infos: www.parkfiction.org
Anfahrt: S1, S3 Reeperbahn, Bus 112 Hafentreppe

Berühmtestes Polizeirevier Deutschlands
Die Davidwache

Aus Film und Fernsehen kennt wohl jeder das Gebäude des Hamburger Polizeikommissariats 15, sei es aus Jürgen Rolands „Polizeirevier Davidswache" (1964), Wolfgang Staudtes „Fluchtweg St. Pauli – Großalarm für die Davidswache" (1971) oder der ARD-Serie „Großstadtrevier" (seit 1986). Ebenso verbreitet ist vermutlich die falsche Bezeichnung als „Davidswache" (mit s). Das 1913/14 an der Ecke Spielbudenplatz/Davidstraße von Fritz Schumacher erbaute und von Richard Kuöhl mit Skulpturen geschmückte Backsteingebäude erinnert an ein althamburgisches Bürgerhaus und repräsentiert so mitten im Amüsierviertel die bürgerliche Ordnung, für deren Einhaltung die Polizei sorgen soll. Gleich nebenan reihen sich die Theater am Spielbudenplatz **(48)**. Direkt an der Reeperbahn gelegen, kommt in Europas kleinstem

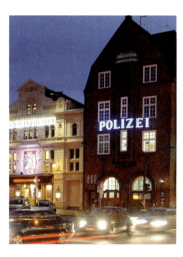

Die Davidwache am Spielbudenplatz

Polizeirevier (0,92 Quadratkilometer Fläche, circa 14 000 Einwohner) selten Langeweile auf. Betrunkene Randalierer dürfen wegen der engen baulichen Gegebenheiten in dem denkmalgeschützten Gebäude allerdings nicht mehr eingesperrt werden. Es wird auf Polizeikommissariate der Umgebung ausgewichen.

Wo: Spielbudenplatz 31, 20359 Hamburg-St. Pauli
Wann: Jederzeit
Highlights: Kiezatmosphäre wie im „Großstadtrevier" schnuppern
Infos: „Hamburg Lexikon" (Ellert & Richter Verlag)
Anfahrt: S1 und S3 Reeperbahn, U3 St. Pauli

Wo die Beatles erfunden wurden
Die Große Freiheit

Die bekannteste Straße Hamburgs ist unbestritten die Reeperbahn. Doch spätestens seit Helmut Käutners Film „Große Freiheit Nr. 7" von 1943 mit Hans Albers in der Hauptrolle ist auch die Große Freiheit ein Symbol für das „freie" Milieu im Hamburger Vergnügungs- und Rotlichtviertel in St. Pauli.
Dabei gehörte diese Seitenstraße der Reeperbahn ebenso wie die Kleine Freiheit früher keineswegs zu St. Pauli, sondern zu Altona, und mit Freiheit war nicht etwa die sexuelle gemeint, sondern ein zunächst räumlich begrenzter Bezirk, in dem ab 1611/12 unbeschränkte Religions- und Gewerbefreiheit zugestanden wurde. Damit sollten hochqualifizierte Handwerker angelockt werden, um die Wirtschaft zu fördern – was auch funktionierte. Es siedelten sich Katholiken, Hugenotten, Mennoniten und Juden

Beatles-Denkmal an der Großen Freiheit

an. Eines der wenigen Relikte dieser Zeit ist die katholische St.-Joseph-Kirche in der Großen Freiheit 43, deren barocke Fassade von 1721 sich in der Nachbarschaft der Sexclubs, Diskotheken und Schnellimbisse wie ein Fremdkörper ausnimmt.
Seit 2008 erinnert der kreisrunde Beatles-Platz am Kreu-

Wo: Große Freiheit, 22767 Hamburg-St. Pauli
Wann: Jederzeit
Highlights: Nachtleben genießen, in Beatles-Erinnerungen schwelgen
Infos: „Beatles in Hamburg" von Ulf Krüger, Ellert & Richter Verlag
Anfahrt: S1, S3 Reeperbahn

zungsbereich Reeperbahn/ Große Freiheit daran, dass die Liverpooler Band hier die ersten Schritte zu ihrer Weltkarriere gemacht hat (und „erwachsen" wurde, wie John Lennon es ausgedrückt hat).

Zunächst noch mit Pete Best am Schlagzeug und Stuart Sutcliffe am Bass spielten die Beatles 1960 im „Indra" in der Großen Freiheit 64 und im „Kaiserkeller" in Nr. 36 (dort gibt es heute eine „Beatles-Lounge"). Hier schlossen die jungen Hamburger Fotografen Astrid Kirchherr und Jürgen Vollmer sowie der Grafiker Klaus Voormann mit den Beatles Freundschaft. Sie prägten deren Look entscheidend mit – vom Haarschnitt bis zur Lederjacke.

1961 gastierten die Beatles dann im „Top Ten" auf der Reeperbahn 136 (dem ehemaligen Hippodrom, heute „Moondoo"), schließlich 1962 im gerade eröffneten „Star-Club" in der Großen Freiheit 39, wo Ringo Starr als Drummer dazustieß.

In der Gaststätte „Gretel und Alfons" in der Großen Freiheit 29 waren die Beatles Stammgäste,

Die Beatles gaben insgesamt drei Gastspiele im berühmten „Star-Club" an der Großen Freiheit.

in einer Wohnung in der Nr. 30 haben sie ein paar Wochen logiert. Ein Bummel über die Große Freiheit folgt also auf Schritt und Tritt den Spuren der erfolgreichsten Rockband des 20. Jahrhunderts.

Alles Theater
Am Spielbudenplatz

Schon 1795 steppt hier der Bär: Schausteller, Seiltänzer und Kunstreiter, Schankwirtschaften und die namengebenden Buden locken die Hamburger auf den Spielbudenplatz. Am Spazierweg zwischen Millerntor und Altonaer Nobistor, auf dem damals so genannten Hamburger Berg, finden Gewerbe Raum, die von den Hanseaten gern frequentiert, aber nicht in der Stadt selbst geduldet werden. So wie auch die stinkenden Trankochereien und die Reepschläger (Seilmacher), die so viel Platz für ihre langen Reeperbahnen brauchen. Ab 1840 werden im boomenden Vergnügungsviertel, das nun St. Pauli-Vorstadt heißt, Konzessionen für feste Theater- und Varieté-Bauten erteilt. Zahllose Theater, Operetten- und Konzerthäuser, Varietés und Zirkusse mit Tausenden Zuschauerplätzen öffnen ihre Pforten. Von dieser Vielfalt lassen der Zweite Weltkrieg und die nüchterne Nachkriegszeit fast nichts übrig. Man könnte melancholisch werden – gäbe es da nicht: Deutschlands ältestes Privattheater, das **St. Pauli Theater – ehemals Ernst Drucker Theater**, direkt neben der Davidwache **(46)**. Es bewahrt innen den originalen Charme des Urania-Theaters von 1841. Nach der Übernahme durch Ernst Drucker 1884 feierten hier vor allem plattdeutsche Volksstücke wie die „Zitronenjette" Erfolge. Seit 1970 (Hit: „Der Junge von St. Pauli" mit Freddy Quinn) betreibt in mittlerweile dritter Generation die Familie Collien die Bühne, heute mit „modernem Volksthea-

Wo: St. Pauli Theater – ehemals Ernst Drucker Theater, Spielbudenplatz 29–30, Schmidt Theater & Schmidts TIVOLI, Spielbudenplatz 24–28, TUI-Operettenhaus, Spielbudenplatz 1, alle 20359 Hamburg-St. Pauli
Infos: www.st-pauli-theater.de, Karten Tel. 0 40/47 11 06 66; www.tivoli.de, Karten Tel. 0 40/31 77 88-99; www.stage-entertainment.de/theater-events/operettenhaus.html, Ticket-Hotline 0 18 05/44 44
Anfahrt: S1, S3 Reeperbahn, U3 St. Pauli

Direkt neben der Davidwache (ganz rechts): St. Pauli Theater – ehemals Ernst Drucker Theater, Schmidts TIVOLI und Schmidt Theater

ter", Comedy und Kabarett unter Leitung von Thomas Collien und Ulrich Waller.

Das **Schmidts TIVOLI** gleich nebenan eröffnete Corny Littmann 1991 im Gebäude des gründerzeitlichen „Tivoli Concerthauses". Lange hatte dort das bajuwarische „Zillertal" seine Heimat. Auf der Bühne in dem zirkusähnlichen Raum mit 620 Plätzen laufen vor allem eigenproduzierte Musicals wie der Dauerbrenner „Heiße Ecke". In der Bar „Glanz & Gloria", im Restaurant „Schatto Pauli" und in „Angie's Nightclub" sind nicht nur Theaterbesucher herzlich willkommen.

Das **Schmidt Theater**, eröffnet 1988 im ehemaligen Tanzcafé „Kaiserhof", wurde 2005 an gleicher Stelle für 400 Zuschauer neu gebaut. Corny Littmann und langjährige Mitstreiter/innen wie Ernie Reinhardt alias Lilo Wanders präsentieren Shows, Theater, Comedy unter dem Motto „Hauptsache schräg". Besonders beliebt: die samstägliche Mitternachtsshow, besonders abseitig: die Horst J. Gonzales Karaoke Show freitagabends in der Hausbar (Nachfolgerin der legendären Tresenshow).

Last but not least bietet das moderne **TUI-Operettenhaus** am Spielbudenplatz 1 Platz für 1389 Gäste. Früher stand hier einmal der 1841 eröffnete „Circus Gymnasticus" mit 3000 Plätzen, der schon bald als Operettentheater genutzt wurde (1911 Revue „Rund um die Alster" mit dem Hit „Auf der Reeperbahn nachts um halb eins"). Nach Kriegszerstörung, Verstaatlichung und schwankendem Erfolg ist der Betrieb erst so richtig wieder in Schwung gekommen, seit hier 1986 mit „Cats" der Hamburger Musical-Boom seinen Anfang genommen hat.

Wie es auf dem Kiez zuging
St. Pauli Museum

Es soll einige geben, die sich noch an Zeiten erinnern, als es in Hamburg neben dem Hamburger Abendblatt noch eine andere ernst zu nehmende Tageszeitung gab. Die Rede ist von den St. Pauli-Nachrichten, einem Riesenerfolg in den End-1960ern, mit Redakteuren, die auf so klingende Namen wie Stefan Aust oder Henryk M. Broder hörten. Allerdings verdankte die Zeitung ihre vielen Käufer nicht nur ihren eher ein linkes Publikum ansprechenden Beiträgen, sondern vornehmlich den freizügigen Titelblättern. Was in damaliger Zeit noch eine Marktlücke war, fristet heute als biedere Sexpostille ein eher trauriges Dasein. Einer der Mitgründer der St. Pauli-Nachrichten, Günter Zint, leidenschaftlicher Fotograf und Motivsammler, dessen Bilder sich ins Gedächtnis der Nation eingeprägt haben, hat dem 1989 gegründeten Museum seinen Fundus an Fotografien zur Verfügung gestellt. Von der Edelprostituierten Domenica bis zur Boxerinstitution „Zur Ritze" ist alles zu sehen, was auf dem Kiez Rang und Namen hat und hatte. Natürlich werden im Museum, das gegenüber der berühmten Davidwache **(46)** liegt, auch die Themen Unterhaltung, Prostitution, Geldwäsche und Kriminalität ausführlich behandelt. Per multimedialer Aufbereitung hat der Besucher die Möglichkeit, in berüchtigte Etablissements wie das „Alkazar" der 1920er-Jahre oder das „Salambo" der 1970er-Jahre einzutauchen. Auch die Zeit der Beatles **(47)** und der Clubs, in denen sie spielten und in denen der sogenannte Hamburg Sound „geboren" wurde, kommt in dem allerdings nur 160 Quadratmeter großen Museum nicht zu kurz.

Wo: Davidstraße 17, 20359 Hamburg-St. Pauli
Wann: Di bis Mi 11–19 Uhr, Do bis Sa 11–22 Uhr, So 11–18 Uhr
Infos: Tel. 0 40/4 39 20 80, www.st-pauli-museum.com
Eintritt: 5 € (ermäßigt 4 €)
Anfahrt: S1, S3 Reeperbahn, U3 St. Pauli

Recycling mal anders
Die Gelötemanufaktur auf St. Pauli

Sie meinen zu wissen, was ein Schlüsselroman ist? Oder ein Tonträger? Die „Produkthandwerker" Dennis Schnelting, Carsten Trill und Michael Braak nehmen die Dinge beim Wort und schaffen in ihrer Manufaktur Lockengelöt in der Wohlwillstraße wunderbar doppeldeutige Unikate aus Alltagsgegenständen. Bücher aus der Grabbelkiste werden zu Schlüsselbrettern und Garderoben, alte Schallplatten verwandeln sich in Handtaschen, Deckenleuchten und Pendeluhren. So entstehen immer wieder echte Designerstücke, die jede Wohnung schmücken.

Kleiderordnung   Biergrätsche   Ölfassschrank

Wo: Lockengelöt, Marktstraße 119, 20357 Hamburg-St. Pauli
Wann: Mo bis Fr 11–19 Uhr, Sa 11–16 Uhr
Highlight: Designerobjekte aus Alltagsdingen
Infos: Tel. 0 40/89 00 13 26, www.lockengeloet.com
Anfahrt: U3 Feldstraße

Das größte Volksfest im Norden
Der Hamburger Dom

„Wer hat noch nicht, wer will noch mal? Gewinne, Gewinne, Gewinne!", „Eine neue Runde, eine neue Wahnsinnsfahrt – und ab geht die Luzi", dazu der typische Mix aus Kreischen, Dröhnen, Tröten. Es ist wieder Hamburger Dom! Spaß und Nervenkitzel für die ganze Familie gibt es – seit 1948 sogar dreimal im Jahr – auf dem Heiligengeistfeld in St. Pauli, wenn sich die etwa 250 Schausteller gegenseitig überbieten, um die Besucher in die Fahrgeschäfte und an die Losbuden zu locken. Dazu liegt das einzigartige Jahrmarkts-Duftgemisch in der Luft und verrät, dass auch für das leibliche Wohl gesorgt ist.

Die einzige Frage, die sich stellt: Was machen wir zuerst? Ab in die Fänge der Riesenkrake, eine Crashfahrt im Autoscooter oder Geschwindigkeitsrausch in der

Der Dom: drei Mal im Jahr Jubel, Trubel, Heiterkeit

Achterbahn? Auch nostalgische Attraktionen wie die Montgolfière oder die Revue der Illusionen sind auf der 160 000 Quadratmeter großen Erlebniswelt zu finden. Das Wahrzeichen des Doms heben wir uns bis zum Schluss auf. Nichts ist schöner – und romantischer –, als sich in den Gondeln des Riesenrads in den Hamburger Nachthimmel tragen und den Trubel für einige Minuten hinter sich zu lassen.

Wo: Heiligengeistfeld, 20359 Hamburg-St. Pauli
Wann: Zur Domzeit (im Frühjahr, Sommer und Herbst) jeweils Mo bis Do 15–23 Uhr, Fr und Sa 15–24 Uhr, So 14–23 Uhr, mittwochs ist Familientag mit ermäßigten Preisen.
Highlight: Freitags ab 22.30 Uhr Feuerwerk
Infos: www.hamburg.de/dom/
Anfahrt: S1, S3 Reeperbahn, U3 Feldstraße oder St. Pauli

Vom Medienbunker gucken
Der Trutzturm von St. Pauli

Mit seinen 39 Metern Höhe ragt er unübersehbar über das Heiligengeistfeld hinaus: der Hochbunker in St. Pauli. Selbst das Riesenrad auf dem Hamburger Dom übertrifft ihn mit 55 Metern nur wenig. Gebaut im Zweiten Weltkrieg, hatte der riesige Betonklotz mehrere Funktionen. Er diente als Schutzraum für über 18 000 Menschen, die sich hier vor den Bombenangriffen in Sicherheit brachten, gleichzeitig waren auf seinem Dach Flakgeschütze zur Luftabwehr montiert. Außerdem sollte die Festung den deutschen Durchhaltewillen demonstrieren, denn mit ihren dreieinhalb Meter dicken Wänden und der fünf Meter starken Decke erwies sie sich als unzerstörbar. Eine Sprengung nach dem Krieg verwarf man daher schnell, die benötigte Stärke der Detonation und die dabei entstehende Druckwelle hätten wohl die umliegenden Stadtteile in Mitleidenschaft gezogen.

Schließlich wurde das trutzige Gebäude 1990, nach dem Ende des Kalten Kriegs, verkauft und zu einem Medienzentrum umgebaut. Jetzt findet man hier neben privaten Kunst-, Musik- und Designschulen sowie einem Internetradiosender auch das „Uebel & Gefährlich". Den Musikclub im vierten Stock, der neben Konzerten der Indie/Electro/Alternative-Szene auch Poetry Slams organisiert, erreicht man über einen alten Lastenaufzug, für den es sogar eigens einen Fahrstuhlführer gibt. Und die Tanz- und Raucherpausen genießt man am besten auf dem Dach des Bunkers mit Blick auf das Heiligengeistfeld über das Millerntorstadion bis zum Hamburger Hafen.

Wo: Feldstraße 66, 20359 Hamburg-St. Pauli
Highlight: Blick über den Hamburger Dom und die Stadt
Infos: Zum Beispiel www.uebelundgefaehrlich.com
Anfahrt: U3 Feldstraße

Wo sich die Szene trifft
Das Schanzenviertel

Zentral zwischen Hauptbahnhof und Altona liegt der U- und S-Bahnhof Sternschanze, der zusammen mit der Schanzenstraße, dem Schulterblatt und dem Sternschanzenpark das Zentrum des Schanzenviertels ist. Bis zur offiziellen Bildung des Stadtteils Sternschanze (2008) gehörte der südliche Teil des Gebiets zu St. Pauli.

Der Name geht zurück auf eine sternförmige Bastion, die ab 1682 die Hamburger Wallanlagen verstärkte. Nachdem die Verteidigungsmauern abgetragen worden waren, ließ sich hier Mitte des 19. Jahrhunderts zunächst eine gutbürgerliche, wohlhabende Gesellschaftsschicht nieder. Ab 1888 siedelten sich große Unternehmen wie Montblanc, Steinway & Sons, die Pianoforte Fabrik und der Zentralschlachthof hier an und das Viertel wurde eher proletarisch-kleinbürgerlich geprägt. Während des Zweiten Weltkriegs war der „Rote Hof" in der Bartelsstraße 55 ein Zentrum der Arbeiterbewegung und des Widerstands gegen den Nationalsozialismus. In den 1970er-Jahren wurde das Quartier dank der niedrigen Mieten ein Treffpunkt der autonomen, antibürgerlichen Protestbewegung.

Der Zusammenhalt der Anwohner ist legendär. Als in den 1980er-Jahren die „Rote Flora" am Schulterblatt 71, ein ehemaliges Theater aus dem 19. Jahrhundert, zu einem Musical-Theater umgebaut werden sollte, gingen die Bewohner auf die Barrikaden. Sie hatten Angst vor der Veränderung ihres Viertels und befürchteten, durch die steigenden Mieten ihre angestammten Wohnungen zu verlieren. Zahlreiche Aktionen führten dazu, dass sich die Investoren zurückzogen und ein Stück weiter an der Stresemannstraße die „Neue Flora" bauten. Ein Großteil der „Roten Flora" war bis dahin allerdings schon abgerissen worden. Übrig blieb nur der Eingangsbereich, der schließlich im September 1989 als besetzt erklärt wurde.

Wo: 20357 Hamburg-Sternschanze
Anfahrt: S11, S21, S31, U3 Sternschanze

Der „Boulevard" des Schanzenviertels: das Schulterblatt

Auch wenn in regelmäßigen Abständen wieder über die Hausbesetzung diskutiert wird, ist die „Rote Flora" bis heute ein kulturelles Stadtteilprojekt und ein politisches Zentrum autonomer Gruppen. Die Solidarität der Bewohner zeigt sich auch beim seit 1988 jährlich stattfindenden Schanzenfest, das regelmäßig eine große Zahl von Besuchern anzieht, aber seit einigen Jahren meist in Auseinandersetzungen zwischen gewaltbereiten Linksautonomen und der Polizei endet.

Heute zählt die Schanze zu den „In"-Vierteln Hamburgs mit einer jungen und multikulturellen, linksliberalen und leicht alternativen Szene. Ob Tapas-Bar am Schulterblatt, Beachfeeling im Central Park an der Max-Brauer-Allee 277 oder Kelleratmosphäre bei „Mutter" an der Stresemannstraße 11, bei der Vielzahl an Kneipen und Bars hat man wirklich die Qual der Wahl.

Freiluftfanatiker sollten sich im Sommer das Open-Air-Kino im Sternschanzenpark nicht entgehen lassen. Entdecker sind auf der Flohschanze genau richtig: Jeden Samstag findet von 8 bis 16 Uhr zwischen der Alten Rinderschlachthalle und dem Karostar Musikhaus ein Antik- und Flohmarkt statt, auf dem das ganze Jahr über garantiert nur „echter Trödel" angeboten wird. Und für den Kaffeeklatsch ein kulinarischer Tipp: Die Kuchen und Torten in der Konditorei „Herr Max" am Schulterblatt 12 sind einfach nur lecker!

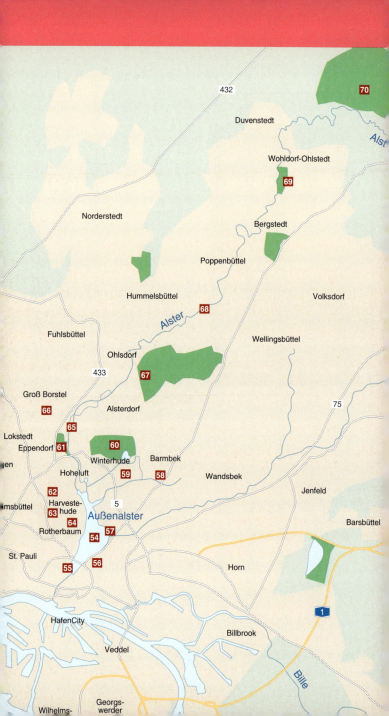

An Außenalster und Alsterlauf

54 Die Außenalster
55 Eine Fahrt auf der Alster mit der St. Georg
56 The George Hotel
57 Das Literaturhaus am Schwanenwik
58 Das Museum der Arbeit in Barmbek
59 Die Jarrestadt
60 Der Stadtpark
61 Hayns Park
62 Auf dem Isemarkt
63 Die Grindelhochhäuser
64 Museum für Völkerkunde
65 Alsterlauf und -kanäle
66 Das Eppendorfer Moor
67 Der Althamburgische Gedächtnisfriedhof
68 Das Wellingsbüttler Torhaus
69 Das Rodenbeker Quellental
70 Duvenstedter Brook

Metropole am Wasser
Die Außenalster

Wenn das Licht der Morgensonne die Außenalster in eine weiche Stimmung taucht, ist es hier am schönsten. An ihren Ufern ist in den letzten 150 Jahren aus einer ländlichen Idylle eine grüne Stadtlandschaft entstanden, deren Parks und Uferpromenaden von ungewöhnlichem Reiz sind. Um die Frage, wo es am West- oder Ostufer am schönsten ist, streiten sich die Geister. Die einen verweisen darauf, dass ihre Straßen und Wege bereits die nicht zu überbietenden Namen Schöne Aussicht oder Bellevue tragen, die anderen rühmen die repräsentativen Häuserensembles und die Erholungsflächen, die 1953 zu öffentlichen Grünanlagen wurden.

Ideale Voraussetzungen für stadtnahe Erholung schaffen aber auch die weiträumigen Wasserflächen, die Hamburg immer wieder zu einem großartigen Erlebnis machen. Wo sonst auf der Welt kann man in unmittelbarer Nähe von Innenstadt und Hafen seinem maritimen Hobby nachgehen und sogar Segelwettbewerbe austragen?

Auf dem rund acht Kilometer langen Rundweg um die Außenalster gibt es viel zu sehen. Im Uhrzeigersinn und Zeitraffer: das Amerikanische Generalkonsulat, das „Weiße Haus von Hamburg", Am Alsterufer 27; die im ehemaligen Budge-Palais residierende Hochschule für Musik und Theater am Harvestehuder Weg 12;

der Anglo-German Club, dessen stilvolle Villa am Harvestehuder Weg 44 vom Rathausarchitekten Martin Haller erbaut wurde; kurz dahinter die Krugkoppelbrücke mit der Hamburger Institution „Bobby Reich" (hier können Sie essen und trinken und ein Kanu oder ein Segelboot mieten); auf ihrer Ostseite die Straße Bellevue, die mit Recht so heißt; danach über die Langenzugbrücke in die Fährhausstraße; in einer Linkskurve, an der Schönen Aussicht 37, liegt das Gebäude des Norddeutschen Regatta Vereins (NRV), auf dessen Terrasse Sie sich wie in einer Oase mitten in der Stadt fühlen; nun geht es die prachtvolle Straße entlang über die Brücke am Feenteich; an dessen Ufer, Schöne Aussicht 26, steht das 1868 ebenfalls von Martin Haller erbaute Gästehaus des Senats, in dem schon viele Größen dieser Erde abgestiegen sind; bis zum Literaturhaus **(57)** am Schwanenwik ist es nicht mehr weit, hier können Sie etwas Literatur tanken und im Café oder Garten entpannen; nur wenige Meter weiter die Schwanenwikbucht, in der man früher baden konnte; dann das Finish: mit der Straße An der Alster, den Ruder- und Segelclubs, dem Hotel „The George" **(56)** und dem „Atlantic"-Hotel.

Abseits der ausgetretenen Pfade von Spaziergängern und Joggern ist auch heute noch das Ufer einsam und der Himmel weit. Die Außenalster ist einer der Hauptgründe, warum Hamburg zu den schönsten Metropolen der Welt zählt.

Hamburg unter Dampf
Eine Fahrt auf der Alster mit der St. Georg

Die Idee ist nicht neu, aber einfach gut: Hamburg von seiner schönsten Seite kennenlernen mit dem Alsterdampfer. Bequemer als Ruder und Paddel zu schwingen oder sich auf dem Tretboot abzustrampeln ist diese Art der Hamburg-Erkundung auf jeden Fall.

Seit 1859 verbanden Schiffe im Linienverkehr die Innenstadt mit den Stadtteilen Winterhude und Uhlenhorst. Für einige Hanseaten vom feinen Alsterufer gehörte es bis zur Einstellung der unrentablen Linienschifffahrt 1984 zum guten Stil, den Weg ins Kontor in der „S-tadt" mit dem Dampfer zurückzulegen. Heute bietet die Alster Touristik GmbH stündliche Alster-Kreuzfahrten, Rund- und Kanalfahrten, Dämmertörns und vieles mehr an (www.alstertouristik.de).

Nostalgie kommt auf, wenn der 1876 auf der Hamburger Reiherstiegwerft gebaute älteste noch fahrende Alsterdampfer, die „St. Georg", vom Anleger am Jungfernstieg ablegt. Der „Verein Alsterdampfschiffahrt e.V." hat das Schiff originalgetreu restauriert und betreibt es wie einst mit drei Mann Besatzung: Kapitän, Maschinist und Condukteur. Pfeifend und weißen Dampf ausstoßend macht sich der liebenswerte Oldtimer akustisch und optisch schon von Weitem bemerkbar.

Besonders zu empfehlen sind die zweistündigen Alster-Kanalfahrten. Sie führen über Binnen- und Außenalster **(54)** in Kanäle **(65)**

Wo: Jungfernstieg, 20354 Hamburg-Neustadt

Wann: Historische Alsterrundfahrt April bis Oktober täglich 10.45–16.45 Uhr jede Stunde, Alster-Kanalfahrten an einzelnen Tagen im Jahr (siehe Website)

Infos: Verein Alsterdampfschiffahrt e.V., Maria-Louisen-Straße 35, 22301 Hamburg, Tel. 0 40/7 92 25 99, www.alsterdampfer.de

Fahrpreis: Historische Alsterrundfahrt 12 € (ermäßigt 9,50 €), begleitete Kinder unter 16 Jahren frei; Alster-Kanalfahrten 17 € (ermäßigt 14,50 €), begleitete Kinder unter 16 Jahren frei

Anfahrt: S1, S3, U1, U2, U4 Jungfernstieg

Auf der Binnenalster: die 1876 gebaute „St. Georg", im Hintergrund die Firmenzentrale der Hapag-Lloyd AG am Ballindamm

und Teiche, wie den nur von der Wasserseite erreichbaren Rondeelteich, vorbei an noblen Villen und wohlgepflegten, aber meist vornehm menschenleeren Gärten mit schattigen Bäumen. Der Goldbek- und der Osterbekkanal in Winterhude und Barmbek zeigen mit Mietshäusern und Gewerbebauten, öffentlichen Parkanlagen und Schrebergärten etwas schlichtere, aber nicht weniger angenehme Seiten des Lebens in der grünen Metropole. Am Leinpfad vorbei geht es alsteraufwärts bis zum Winterhuder Fährhaus und dann zurück in Richtung des nächtlich beleuchteten Panoramas der Hamburger Innenstadt: St. Jacobi **(7)**, St. Katharinen **(30)**, St. Petri **(6)**, St. Nikolai **(11)**, Rathaus **(1)** und Michel **(15)**, das Alsterhaus am Jungfernstieg und die Hapag-Lloyd-Zentrale **(4)** am Ballindamm, die Hotels „Atlantic" und „Vier Jahreszeiten".

Die Alster zu Füßen
The George Hotel

Great Britain in Hamburg! Im „The George Hotel" an der Alster verbindet sich britische Tradition mit hanseatischem Flair. Dort wo das charmante, lebendige und weltoffene Quartier St. Georg **(22)** auf die Außenalster **(54)** trifft, sind Sie mitten drin im Stadtleben, ohne vom Rummel der Metropole überrollt zu werden. Und vom zwar nicht am höchsten, aber vielleicht am schönsten gelegenen Platz Hamburgs – der Dachterrasse – hat man einen der spektakulärsten Ausblicke auf die Außenalster. Hier liegen die Skyline der Elbmetropole, die vielen Ruderer und Segler auf dem künstlich aufgestauten Gewässer vor Ihnen wie auf einem Präsentierteller. Und wenn die Sonne malerisch hinter dem gegenüberliegenden Ufer versinkt, dann ist

Blick von der Dachterrasse des „The George Hotel" auf die Außenalster

Capri-Feeling angesagt. Was gibt es Schöneres, als über den Dächern von Hamburg einen Drink zu nehmen? Ein perfektes Ambiente für unvergessliche Sommer- und Sonnentage.
Die Dachterrasse kann man auch exklusiv für bis zu hundert Personen anmieten. Bei schlechtem Wetter geht es zum Afternoon Tea, zu den homemade Cocktails oder einem besonderen Malt Whisky in die Bar.

Wo: The George Hotel Hamburg, Barcastraße 3, 22087 Hamburg-St. Georg
Wann: Dachterrasse geöffnet im Sommer je nach Wetterlage (ab 20°C) Sa und So 14 – ca. 23 Uhr, Mo bis Fr 17 – ca. 23 Uhr
Highlight: Die Dachterrasse
Infos: Tel. 0 40/2 80 03 00, www.thegeorge-hotel.de
Anfahrt: Alle S- und U-Bahnlinien Hauptbahnhof (900 Meter), Busse 6, 37 AK St. Georg

Lieblingsplatz für Alsterschwärmer
Das Literaturhaus am Schwanenwik

Die Straße hat ihren Namen vom Lieblingsplatz der Alsterschwäne, für die das östliche Alsterufer schon immer der bevorzugte Aufenthalt war. „Wik" ist niederdeutsch Bucht, Ufer, Stätte. Nicht nur Schwäne, auch Menschen fühlen sich am Schwanenwik wohl. Eine der schönsten Adressen für eine Pause beim Alsterspaziergang ist das Literaturhaus Hamburg im Schwanenwik 38. Kehren Sie hier sonntags zum Brunch ein (Tisch reservieren!) oder unter der Woche, wenn es schön leer ist – der Besuch im Café-Restaurant des Literaturhauses garantiert entspannte Atmosphäre in liebevoll restaurierten Gründerzeiträumen mit Kronleuchtern, Deckengemälden und Stuckverzierungen. Schwer vorstellbar: Die spätklassizistische Reihenhausvilla mit ihren Tudor-Rundbogenfenstern beherbergte fast 50 Jahre lang ein Obdachlosenheim für Mädchen. Dem Literaturhaus e. V., der ZEIT-Stiftung Ebelin und Gerd Bucerius, der Stadt Hamburg und diversen Mäzenen und Sponsoren ist es zu verdanken, dass hier seit 1989 im – nach Berlin – zweiten Literaturhaus in Deutschland ein vielseitiges Programm gestaltet werden kann. Buchvorstellungen, Diskussionen und das Jugendprogramm „Junges Literaturhaus" führen Autoren und Leser zusammen. Und natürlich kann man hier auch Bücher kaufen: in der Buchhandlung Samtleben.

Wo: Literaturhaus Hamburg e.V., Schwanenwik 38, 22087 Hamburg-Uhlenhorst
Wann: Literaturhauscafé Mo bis Fr 9–24 Uhr, Sa und So 10–24 Uhr
Highlight: Brunchen im Literaturhauscafé
Infos: Tel. 0 40/22 70 20 11, www.literaturhaus-hamburg.de; Literaturhauscafé Tel. 0 40/2 20 13 00, www.literaturhauscafe.de
Anfahrt: U3 Mundsburg oder Uhlandstraße, Busse 6, 37, 172, 173 Mundsburger Brücke

Wo TRUDE trockenbohrt
Das Museum der Arbeit in Barmbek

Ob Zwerg oder Riese – man kommt sich klein vor, wenn man vor dem grauen Ungetüm steht: Mit ihren 14,20 Metern Durchmesser und 380 Tonnen Gewicht ist TRUDE (Tief Runter Unter Die Elbe) auch wirklich ein großer Brocken. Das senkrecht aufgestellte Metall-Riesenrad erhebt sich wie eine Landmarke am Ufer des Osterbekkanals. Von Nahem sieht man dem Schneidrad des Bohrers, mit dem von 1997 bis 2000 die zweieinhalb Kilometer lange vierte Elbtunnelröhre gebohrt wurde (Durchschnittstempo sechs Meter am Tag), die Spuren der vollbrachten Arbeit an: Scharten und Kratzer, die 400 000 Kubikmeter eiszeitliches Geröll und Sand in das Metall gewetzt haben.

TRUDEs „Ruhestandort" auf dem ehemaligen Produktionsgelände der New-York Hamburger Gummi-Waaren Compagnie in Barmbek ist passend gewählt: Die kirchenähnlichen Backsteingebäude, in denen früher Hartgummikämme hergestellt wurden, beherbergen das Museum der Arbeit. Vorreiter der Umnutzung war die ehemalige Zinnschmelze mit dem charakteristischen Schornstein. Sie ist seit 1986 ein beliebtes Stadtteilkulturzentrum mit Kneipe und Biergarten. In der Neuen Fabrik von 1908 befinden sich die 1997 eröffnete Dauerausstellung des Museums und das Museumscafé, in der Alten Fabrik von 1871 Büro-, Ausstellungs-, Bibliotheks- und Veranstaltungsräume sowie das Res-

Wo: Wiesendamm 3, 22305 Hamburg-Barmbek
Wann: Mo 13–21 Uhr, Di bis Sa 10–17 Uhr, So und Feiertage 10–18 Uhr (24., 25., 31.12. und 1.1. geschlossen)
Highlights: Mo 18–21 Uhr offene Druckwerkstatt, So 13.30–17 Uhr Programm „Sonntagskinder" in der Metallwerkstatt
Infos: Tel. 0 40/42 81 33-0, www.museum-der-arbeit.de
Eintritt: 6 € (ermäßigt 4 €), Kinder und Jugendliche bis 18 Jahre frei, Programm „Sonntagskinder" 2 €
Anfahrt: S1, S11, U3 Barmbek oder mit der Alster-Museumslinie (Preise und Fahrplan www.alstertouristik.de/museum.php)

taurant "T.R.U.D.E." mit seiner Terrasse im gepflasterten Innenhof des Geländes (Tipp: dort die Nachmittags- und Abendsonne mit Blick auf den Osterbekkanal genießen).
Hauptthema des Museums sind die Industrialisierung Hamburgs und der Wandel von Leben und Arbeit in den letzten 150 Jahren in für Hamburg typischen Branchen und Bereichen wie der Druckindustrie und der Kontor- und Fabrikarbeit, aber auch die Arbeit im Haushalt. Das Museum hat zwei Außenstellen: das Speicherstadtmuseum (Seite 80) und das Hafenmuseum **(102)**.
An den Wochenenden können Besucher selber alte Techniken ausprobieren und die historischen Maschinen bedienen, ob in der Druckwerkstatt, bei einer Fahrt auf der Straßenwalze über den Museumshof vorbei an einem Bagger der Firma Menck & Hambrock aus Altona von 1937 oder beim "Elefantenschleudern" in der Metallwerkstatt (dabei werden im Schleudergussverfahren kleine Schmuckstücke hergestellt – sehr beliebt bei Kindern und Eltern).

TRUDE (Tief Runter Unter Die Elbe), das 380 Tonnen schwere Schneidrad des Elbtunnelbohrers, steht als technisches Denkmal am Museum der Arbeit. Im Vordergrund der Osterbekkanal

Auf der Alster-Museumslinie schippert von Ende März bis Oktober die denkmalgeschützte Motorbarkasse "Aue" an Wochenenden und Feiertagen vom Jungfernstieg bis zum Museumsanleger am Osterbekkanal. Sie können Ihre Fahrt für einen Rundgang im Museum der Arbeit unterbrechen und die Zeit Ihrer Rückfahrt selbst wählen.

Freie und Backsteinstadt Hamburg
Die Jarrestadt

Die 1928–1932 erbaute Wohnsiedlung im Süden von Winterhude war mal hochmodern. Die Wohnungen sind dank breiter Fenster hell und durch die Zweispännerbauweise, das heißt nur zwei Wohneinheiten pro Treppenabsatz, gut zu lüften. Die Wohnfläche beträgt in der Regel 50 bis 60 Quadratmeter, zwei bis drei Zimmer plus Küche und Bad mit fließend warm Wasser sowie ein Bodenraum. Eigentlich ist das immer noch modern, und so ist die Jarrestadt als Wohnviertel sehr begehrt.

Hier wurden erstmalig in Hamburg Reformen im Wohnungsbau für Arbeiter und Angestellte planmäßig umgesetzt. Das Gebiet zwischen Goldbek- und Osterbekkanal lag dafür günstig: nahe Industriearbeitsplätzen, nahe Erholungsanlagen wie dem Stadtpark (60), nahe öffentlichen Verkehrsmitteln wie der Hochbahn. Aus der Maschinenfabrik Nagel & Kaemp ist inzwischen das Theater- und Kulturzentrum Kampnagel geworden, und auf dem ehemaligen Werksgelände der New-York Hamburger Gummi-Waaren Compagnie hat das Museum der Arbeit seine Pforten geöffnet (58).

Wie man trotz Kriegszerstörung, Wiederaufbau und bedenkenlosen Sanierungsmaßnahmen heute noch beim Spaziergang durch die Jarrestadt merkt, lag dem Neubauprogramm ein städtebauliches Gesamtkonzept zugrunde, dem sich die architektonischen Details einfügen, ohne dass die Individualität der einzelnen Baublöcke verloren ginge. Oberbaudirektor Fritz Schumacher legte den Straßenplan und die Gestaltungsprinzipien fest: Backstein als Fassadenmaterial, Flachdach, vier- bis sechsgeschossige Blockrandbe-

Wo: Zwischen Glindweg, Jarre-, Großheide- und Semperstraße, 22303 Hamburg-Winterhude
Wann: Jederzeit
Infos: www.jarrestadt-archiv.de
Anfahrt: U3 Borgweg oder Saarlandstraße, Busse 6 Semperstraße, 172, 173 Jarrestraße

An Außenalster und Alsterlauf

Die Jarrestadt: Das zu Beginn der 1930er-Jahre aufgenommene Luftbild zeigt die Strukturen. Im Hintergrund der Stadtparksee

bauung, dazwischen viel Grün. In einem Wettbewerb wurden 1926 zehn Hamburger Architektenbüros ausgewählt, von denen jedes einen Wohnblock gestaltete. Im zentralen Bereich der Jarrestadt erbaute Wettbewerbssieger Karl Schneider ein Karree mit besonders moderner Anmutung. Ähnlich strenge, kubische Formen hat der von Friedrich Ostermeyer entworfene Otto-Stolten-Hof. Paul August Reimund Frank entwarf die Laubenganghäuser bei der Georg-Thielen-Gasse. Sie waren Versuchsbauten, mit denen die Wirtschaftlichkeit der traditionellen und der Stahlbetonskelettbauweise untersucht werden sollte.

Von Anfang an identifizierten sich die Bewohner stark mit „ihrem" jeweiligen Wohnblock, und schon 1931 wurden die Reformwohnungsbauten als denkmalwürdig eingestuft. Heute steht das Viertel unter Milieu- und Denkmalschutz. Das Jarrestadtarchiv im Wiesendamm 123 bietet gelegentlich Führungen an.

Sterne gucken, Bierchen zischen
Der Stadtpark

Die Reihenfolge ist egal, aber es gibt drei Dinge, die man außer Joggen und Grillen einmal im Hamburger Stadtpark getan haben sollte: im Planetarium in den Sternenhimmel schauen, im Naturfreibad ins Wasser springen und in Schumachers Biergarten den Sonnenuntergang genießen. Nein, eigentlich sind es vier: Die sommerlichen Open-Air-Konzerte gehören auch dazu, aber die sind so weit hörbar, dass man nicht unbedingt im Stadtpark sein muss ...

Der etwa 150 Hektar große Park in Winterhude verdankt seine Gestalt Planungen aus den Jahren 1910–1914, vor allem nach Ideen von Hamburgs berühmtem Oberbaudirektor Fritz Schumacher. Ein Wasserturm, der seit 1930 als Planetarium dient, wurde am westlichen Ende der Parkhauptachse errichtet. In der Kuppel des 38 Meter hohen Backsteinbaus, von dessen Aussichtsplattform man einen weiten Blick über den Park hat, werden mit Europas modernsten Projektoren Sternbewegungen simuliert. Wissensshows wie „Kosmische Kollisionen" und „Sterne der Pharaonen", Kinderprogramme, Konzerte, Musikshows, Hörspiele, Sternentheater und Sondervorträge faszinieren jährlich etwa 350 000 Besucher.

Am anderen Ende des Stadtparks lockt das Naturfreibad zu einem Sprung ins kalte Wasser. Nichtschwimmerbereich und Spielplatz erfreuen Familien mit Kindern, hundert Meter lange Bahnen in ungechlortem, durch eine Filteranlage gereinigtem Wasser die Trainingsfans. „Natur" bringt mit sich, dass einem

Wo: Planetarium, Hindenburgstraße 1b, 22303 Hamburg-Winterhude
Wann: Mo bis Di 9–17 Uhr, Mi bis Do 9–21 Uhr, Fr 9–22 Uhr, Sa 12–22 Uhr, So 10–20 Uhr
Infos: Tel. 0 40/4 28 86 52-0, www.planetarium-hamburg.de
Eintritt: 9,50 €, Kinder 6 €, Sonderveranstaltungen abweichend
Anfahrt: U3, Bus 6 Borgweg, Busse 20, 118 Ohlsdorfer Straße/ Planetarium

An Außenalster und Alsterlauf

hin und wieder ein paar Wasserpflanzen oder Fische zwischen die Flossen geraten. Am angenehmsten (und leersten) ist es hier unter der Woche nach Feierabend, wenn die Sonne zu sinken beginnt, es aber noch so schön ist, dass der Bademeister ein Auge zudrückt und die Badezeit mal eben um eine Stunde verlängert.

Wer anschließend bei Bier oder Caipi die im Planetarium aufgeworfenen großen Fragen der Menschheit weiterdiskutieren möchte (Was ist ein Schwarzes Loch? Gibt es Leben jenseits unserer Welt?), ist in „Schumachers Biergarten" mit Beachclub bestens aufgehoben. Der Name des Lokals auf dem Freibadgelände ehrt den ehemaligen Oberbaudirektor. Stammgäste sind überzeugt: Hier oben – mit Blick über den Stadtparksee und die Festwiese zurück Richtung Planetarium – gibt es den schönsten Sonnenuntergang Hamburgs.

Blick von „Schumachers Biergarten" über die Stadtparkwiese auf das Planetarium

Wo: Naturbad Stadtparksee mit „Schumachers Biergarten" und Beachclub, Südring 5b, 22303 Hamburg-Winterhude
Wann: Mo bis So 11–20 Uhr in der Saison, Biergarten bei gutem Wetter ab 12 Uhr
Infos: Tel. 0 40/18 88 90, www.baederland.de; Tel. 0 40/27 80 69 79, www.schumachers-biergarten.de
Eintritt: 2,90 €, Kinder 1,50 €
Anfahrt: S1, S11 Alte Wöhr, U3 Saarlandstraße

Ein Gruß aus Arkadien
Hayns Park

Am besten nähert man sich dem Idyll in Eppendorf von der Wasserseite her. Man mietet ein Kanu, zum Beispiel bei „Kübis Bootshaus" am Goldbekkanal, paddelt sich Richtung Alsterlauf schon ein bisschen müde und gerät in Höhe von Hayns Park, wo sich die Alster zu einer Art Bassin weitet, plötzlich in rauere See. Wendende Alsterdampfer sorgen für halsbrecherische Ausweichmanöver und lästigen Wellengang, der Wind weht irgendwie immer von vorn. Aber auf einmal leuchtet über die Weite des Wassers ein weißsäuliger Rundtempel aus der Antike herüber – das muss doch Arkadien sein? Auf Krawall gebürstete Schwanenmännchen und pubertierende Graugans-Teenies nicht scheuend, macht man stracks am Ufer fest und schnappt sich die Picknickutensilien. Auf dem weiten grünen Rasen rund um den Tempel ist reichlich Platz für alle. Decke ausgebreitet, Kühltasche ausgepackt? Dann ist Chillen angesagt.

Der sich zwischen der Eppendorfer Landstraße und dem Alsterlauf erstreckende Hayns Park gehörte ehemals zum Landsitz von Max Theodor Hayn (1809–1888), einem aus Breslau gebürtigen Kaufmann, der in Hamburg Bürgermeister und Senator war. 1931 wurde der umgestaltete Park für die Öffentlichkeit freigegeben. Der tempelartige Gartenpavillon, ein „Monopteros", stammt aus der Gründerzeit, also doch nicht aus der Antike. Das ist aber nicht weiter schlimm, denn er erfüllt seinen gemütserfreuenden Zweck auch so hervorragend (trotz permanenter „Nachbesserung" durch hartnäckige Graffiti-Aktivisten). Manchmal spielt sogar ein Streichquartett hier auf. An nur wenigen Orten in Hamburg gehen Park und Wasser eine so einladende Verbindung ein.

Wo: Zwischen Eppendorfer Landstraße und Alsterlauf, 20251 Hamburg-Eppendorf
Wann: Jederzeit
Highlight: Der antike „Lustpavillon"
Anfahrt: U1 Lattenkamp, Bus 114 Schubackstraße

An Außenalster und Alsterlauf

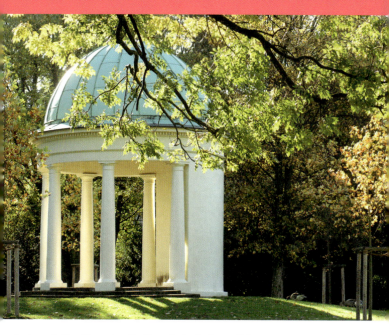

Der tempelartige „Monopteros" in Hayns Park gibt diesem Teil des Alsterlaufs eine romantische Note. Der spannungsvolle Dialog zwischen landschaftlichen und architektonischen Elementen wird hier besonders deutlich.

Wo die Hamburger genusssüchtig sind
Auf dem Isemarkt

Wochenmärkte gibt es viele in Hamburg, aber keinen mit einem vergleichbaren Standort: unter einem hundert Jahre alten Hochbahnviadukt, das zwischen prachtvollen Jugendstil-Häuserzeilen hindurchführt. Das findet man auch in Deutschland kein zweites Mal („Hochbahn" heißt in Hamburg übrigens die U-Bahn, während die S-Bahn ziemlich oft unterirdisch fährt ...). Mit einer Länge von fast einem Kilometer hält der Isemarkt sogar Europarekord.

Jeden Dienstag- und Freitagvormittag strömen Anwohner und weiter Hergereiste zum Markt auf der Isestraße, einer der feineren Adressen Hamburgs. Der Parkplatzmangel zu Marktzeiten schmerzt, aber das ist den wahren Fans egal. Sie werden angelockt von den Genüssen, die Marktberühmtheiten wie „Fisch-Schloh", „Bonbon-Pingel" und „Confiserie Stolle" zu bieten haben, von erntefrischem Obst und Gemüse, von gemischtem Toastbrot vom „Dinkelmeister" und Spezereien von der „Kräuterhexe", von antiquarischen Büchern, Tupperware und feinstem Kunsthandwerk. Vor allem aber ist es die einzigartige Atmosphäre im Getöse der alle fünf Minuten über die Köpfe ratternden Hochbahn, die so viele zu Stammkunden dieses Wochenmarkts macht. „Eppendorf trifft Altes Land" könnte man als Motto formulieren. Der Literaturprofessor kauft vor der Vorlesung noch schnell linksdrehenden Rohmilchkäse ein, das junge Elternpaar versucht das quengelnde Kind mit Biopommes zufriedenzustellen, die Chefarztgattin sucht gediegenen Blumenschmuck für ihre Gemächer mit

Wo: Isestraße zwischen Hoheluftchaussee und Eppendorfer Baum, 20144 Hamburg-Harvestehude
Wann: Di und Fr 8–14 Uhr
Highlight: Einkaufen unterm Hochbahnviadukt
Infos: www.isemarkt.com
Anfahrt: U3 Eppendorfer Baum oder Hoheluftbrücke, Bus 5 Hoheluftbrücke

Europas längster Freiluftmarkt: der Wochenmarkt auf der Isestraße

Fleetblick (so nennen Immobilienmakler die Aussicht auf den Isebekkanal, der westlich parallel zur Isestraße verläuft). Die Marktbeschicker nehmen's mit Gemütsruhe, wenn ein Kundenwunsch mal allzu exklusiv daherkommt.

Ein Beispiel für die allgegenwärtige Gelassenheit auf dem Isemarkt überliefert Harry Rowohlt, seines Zeichens Eppendorfer Urgestein. Fragt der Kontaktbereichsbeamte Herr Lehmann die Frau von Siggi („Siggis Imbiss"): „Wie haben Sie denn die Osterfeiertage verbracht?" Siggis Frau: „Ich war praktisch nur im Garten. Hab endlich mal wieder 'n büschen Zuch in die Rosen gebracht. War ja alles schon richtig überwuchert …" Herr Lehmann: „Sprechen Sie nicht weiter! Man mag es sich ja gar nicht vorstellen! Diese zarten Hände inmitten all der Dornen!" Siggi: „Herr Lehmann, wenn Sie weiterhin in dieser Form auf meine Gattin einsülzen, dann können Sie sie haben." (Pooh's Corner, 1995)

Hoch hinaus mit Paternoster
Die Grindelhochhäuser

Ein Denkmal der besonderen Art sind die Grindelhochhäuser im Stadtteil Harvestehude, der sich sonst chcr als mondäne Wohngegend mit alten Stadtvillen auszeichnet. Hier kann man die erste Wohnhochhausanlage Deutschlands betrachten, entstanden zwischen 1946 und 1956 nach Plänen der Architekten Bernhard Hermkes, Rudolf Jäger, Rudolf Lodders, Albrecht Sander, Ferdinand Streb, Fritz Trautwein und Hermann Zess, gleichermaßen begleitet von Euphorie und Protesten. Positiv wirkt heute auf jeden Fall die versetzte Bauweise mit großem Abstand zwischen den einzelnen Hochhäusern; die Grünfläche bietet nicht nur Platz für zwei Kinderspielplätze, auch fünf Bronzeskulpturen Hamburger Künstler sind dort aufgestellt. Dazu lässt die helle, bisweilen transparente und vor allem sehr individuelle Gestaltung der Hochhausscheiben das Blld von der „seelenlosen Wohnmaschine" schnell verblassen.

Besonders das Bezirksamt Eimsbüttel (Grindelberg 66) ist durch seine kleinteilige Rasterfassade, die je nach Lichteinfall immer anders aussieht, ein richtiger „Hingucker". Hinter dieser Fassade verbirgt sich noch ein kleines Highlight, mit dem nicht nur Kinder ihren Spaß haben dürften: Mit einem originalen Paternoster kann man bis in den zehnten Stock hinauffahren. In den Hamburger Bürohäusern waren diese in England erfundenen „Personenumlaufaufzüge", so die technische Bezeichnung, seit dem 19. Jahrhundert sehr beliebt. Mit über 300 Anlagen galt die Han-

Wo: Oberstraße 14a–c, 16a–f, 18a–f, Grindelberg 56, 58, 60, 62, 64, 66, 68, 70, Hallerstraße 1, 1a–d, 3a–c, 5, 5a–f, Brahmsallee 15, 17, 19, 23a, 25, 27, 29, 31, 33, 35, 37, 39, 41 in 20144 und 20146 Hamburg-Harvestehude

Highlight: Mit dem Paternoster fahren und die faszinierende Aussicht über Hamburg zu den Öffnungszeiten des Bezirksamts Eimsbüttel genießen

Anfahrt: U3 Hoheluftbrücke, Busse 5, 15 Bezirksamt Eimsbüttel

Erste spektakuläre Neubaumaßnahme nach dem Zweiten Weltkrieg: die Grindelhochhäuser mit ihrer hellgelben Klinkerfassade. An der Realisierung bis 1956 waren namhafte Hamburger Architekten beteiligt.

sestadt lange als Paternoster-Hochburg. Seinen Namen verdankt dieser Aufzugtyp mit den wie an einer Schnur aufgefädelten offenen Einzelkabinen der Ähnlichkeit mit dem katholischen Rosenkranz, einer Gebetszählkette, die auch Paternosterschnur heißt, weil jeweils bei der elften Kugel ein Vaterunser (Paternoster) gebetet wird. Seit 1974 dürfen in Deutschland keine Paternoster mehr in Betrieb genommen werden, in Hamburg drehen noch etwa 30 dieser Aufzüge ihre Runden, zum Beispiel im Laeiszhof **(10)**. Besonders kribblig sind die Momente vor dem Rein- und Raushüpfen und bevor die Kabine ächzend und knarzend ganz oben oder ganz unten die Richtung wechselt. „Weiterfahrt ungefährlich" hin oder her – kann da wirklich nichts passieren? Die Mutigen dürfen sich belohnen mit einem Eis in der Kantine im zwölften Stock und einer grandiosen Aussicht über die Dächer Hamburgs.

Die Welt in einer Nussschale
Museum für Völkerkunde

Bevor Sie auf Fernreisen gehen, um die entferntesten Winkel der Welt zu erkunden, können Sie im Museum für Völkerkunde für ein paar Euro in fremde Lebenswelten und Kulturen eintauchen. In dem 1879 gegründeten Museum sind rund 700 000 Objekte, Dokumente und Fotografien aus allen Erdteilen zusammengetragen, von denen die herausragendsten nach dem Leitbild „Wir verschaffen allen Kulturen Respekt" in Dauer- und Sonderausstellungen präsentiert werden. Hier finden Sie unter anderem eine Schamanenmaske aus Alaska, ein Kajak mit kompletter Jagdausrüstung aus Westgrönland, ein bemaltes Lederhemd der Sioux-Indianer vom Anfang des 19. Jahrhunderts, die weltberühmte Hackmack'sche Stein-

Theatermaske mit dem Dämon des Todes aus Sri Lanka

kiste der Azteken aus dem Jahr 1470 (ein herausragendes Beispiel für die Steinmetzkunst des Hochtals von Mexiko), Inkagold,

Wo: Museum für Völkerkunde Hamburg, Rothenbaumchaussee 64, 20148 Hamburg-Rotherbaum
Wann: Di bis So 10–18 Uhr, Do bis 21 Uhr
Highlights: Das Inkagold, die ägyptischen Mumien, die Südsee-Skulpturen
Infos: Tel. 0 40/42 88 79-0, www.voelkerkundemuseum.com
Eintritt: 7 € (ermäßigt 3 €), Kinder und Jugendliche bis 17 Jahre frei
Anfahrt: S11, S21, S31 Dammtor, U1 Hallerstraße, Busse 109 Böttgerstraße, 115 Hallerstraße

An Außenalster und Alsterlauf

Gott Wisnu auf dem mythischen Riesenvogel Garuda aus Bali

Die Wunschkuh Surabhi aus Indien, Sinnbild der ewigen Fortpflanzung der Natur

ägyptische Mumien sowie Kostbarkeiten aus der Südsee wie drei Holzskulpturen vom Nukuoro-Atoll und – in Europa einzigartig – das Versammlungshaus „Rauru" der Maori aus Neuseeland.
Sehenswert ist auch der im späten Jugendstil errichtete Museumsbau selbst, der 1912 bezogen werden konnte und dessen original erhaltenen Großen Hörsaal Sie sich unbedingt anschauen sollten. Für diejenigen, die sich einmal eingehend mit einer bestimmten Kultur beschäftigen möchten, hält die hervorragende Bibliothek umfangreiche Fachliteratur zur Völkerkunde und Volkskunde bereit. Sie ist jeweils von Donnerstag bis Sonntag von 13 bis 18 Uhr für alle interessierten Besucher geöffnet. Auch Kinder können sich im Museum auf eine faszinierende Reise begeben, mit der sie Alltagsgegenstände und Kostbarkeiten aus fernen Kontinenten entdecken. Anhand von Audio- und Filmbeiträgen und Möglichkeiten zum Anfassen und Erleben wird die Welt anderer Menschen anschaulich gemacht und so Verständnis für fremde Kulturen geweckt.

Paradies für Spaziergänger und Paddler
Alsterlauf und -kanäle

Als die Hamburger um 1235 die Alster aufstauten, um eine Mühle zu bauen, hatte das weitreichende Folgen: Die Binnen- und Außenalster entstanden, später wurden die Kanäle und Fleete, die den Kanuten heute so viele abwechslungsreiche Touren ermöglichen, für den Warentransport ausgehoben.

Die insgesamt 56 Kilometer lange Alster kann auf der gesamten Länge auf dem Alsterwanderweg begangen werden. Ab Kilometer 12,1 (Straßenbrücke Naherfurth an der B 432) ist sie je nach Wasserlage auch für Freizeitpaddler befahrbar. Wer sich traut, in das schmale und lange Boot zu steigen, die Paddel in die Hand zu nehmen und einfach loszufahren, dem steht ein Erlebnis der ganz besonderen Art bevor. Der folgende Tourentipp wurde von „Profis" erpaddelt: von der Wanderpaddlersparte des Vereins „Hanseat Hamburg". Dafür herzlichen Dank!

Paddeltour
Einsatzstelle des Bootes ist das Bootshaus des „Hanseat – Verein für Wassersport e. V. Hamburg" (Kaemmererufer 28) am Osterbekkanal. Sie können aber auch an vielen anderen Stellen Ihr Boot zu Wasser bringen. Wir paddeln rechts runter in Richtung Außenalster und passieren nach wenigen Hundert Metern auf der rechten Seite die Kampnagel-Fabrik, früher Maschinenfabrik, heute Kultur- und Theaterzentrum mit internationalem Ruf. Bevor wir nach 2,1 Kilometern die Außenalster erreichen, queren wir eine „Kanalkreuzung": Nach links zweigt der Hofwegkanal ab, über den man zum Uhlenhorster Kanal und zum Feenteich gelangt, nach rechts der Mühlenkampkanal, der hoch zum Goldbekkanal und zum Stadtpark führt. Sollten sich hier schon erste Ermüdungserscheinungen eingestellt haben, sollten Sie einen Abstecher in den Mühlen-

Highlight: Idyllische Stadtlandschaften
Infos: Einsatzstellen für Boote unter: www.flussinfo.net/alster; Bootsvermietung: www.hamburg-magazin.de/freizeit/sport-fun/wassersport

Man glaubt es kaum! Mitten in Hamburg! Paddeln wie im Urwald!

kampkanal machen, beim „Café Canale" (Poelchaukamp 7, Mo bis So 10–19 Uhr) mit dem Boot ans offene Fenster fahren und dort Kuchen und Kaffee oder ein Alsterwasser „to go" bestellen. Frisch gestärkt geht es zurück auf den Osterbekkanal. Wie an fast jedem Tag sind viele Boote auf dem Wasser unterwegs. Vom Kanu über Ruder- und Segelboot bis zum Alsterdampfer ist alles vertreten. Nach dem Langen Zug, der Mündung des Osterbekkanals in die Außenalster **(54)**, halten wir uns in nördlicher Richtung, queren die Außenalster und passieren nach 600 Metern die Krugkoppelbrücke. Ab hier folgen wir dem Alsterlauf.

Nach weiteren 600 Metern zweigen links der Isebekkanal (2,9 Meter Länge, Sackkanal) und rechts schräg gegenüber der Nebenkanal ab. Wir fahren an vornehmen Bürgerhäusern mit schön gepflegten Gärten vorbei. Nach 900 Metern zweigt rechts, gegenüber vom Winterhuder Fährhaus, der Leinpfadkanal ab. Hier fahren wir später zurück. Nach 200 Metern weitet sich die Alster in Höhe von Hayns Park **(61)** zu einem Becken, wo die

Alsterdampfer wenden können. Schräg links geht es zum Eppendorfer Mühlenteich, dem Winterquartier der Alsterschwäne. Wir folgen aber weiter dem Alsterlauf und passieren rechts und links mehrere Kanäle, die in früheren Zeiten Alsterschleifen waren. Nach 3,2 Kilometern erreichen wir auf der linken Seite die obere Einfahrt des Brabandkanals. Hier biegen wir ein. Der Kanal ist 700 Meter lang und führt wieder zum Alsterlauf zurück. Am Ende des Kanals fahren wir rechts und gleich hinter der Brücke wieder links in den 1,2 Kilometer langen Skagerrakkanal (Einbahnstraße). Ist das hier wirklich noch die Großstadt Hamburg? Eher fühlt man sich wie auf einem Mini-Amazonas, und gar nicht mal so selten kann man zum Beispiel einen Eisvogel bei der Jagd auf kleine Fische und Wasserinsekten beobachten. Von den vielen Haubentauchern, Teichhühnern, Graugänsen und Stockenten mal zu schweigen.

Am Ende des Kanals kommen wir wieder zum Alsterlauf zurück. Jetzt queren wir aber die Alster und fahren gerade rüber auf die andere Seite. Hier zweigt der Inselkanal als Einbahnstraße ab. 600 Meter lang, führt auch er wieder zur Alster zurück. Wir halten uns rechts, fahren bis zum Leinpfadkanal zurück, 1,2 Kilometer, und biegen links in den Kanal ab. Auch hier umgibt uns eine Ruhe, die man normalerweise nicht in einer Großstadt erwartet. Nach 1,1 Kilometern biegen wir links ab. Hinter der Brücke gleich wieder links kommen wir nach circa 200 Metern zum Rondeelteich. Hier sollten Sie unbedingt eine Paddelpause einlegen und das Kanu ein wenig dümpeln lassen, denn diese Aussicht kann man nur von der Wasserseite her bewundern, da es von der Landseite keinen öffentlichen Zugang zum Wasser gibt! Dann halten wir uns rechts und fahren Richtung Außenalster. Nach 200 Metern zweigt links der Goldbekkanal ab. Hier biegen wir ein. Der Goldbekkanal/ Barmbeker Stichkanal, insgesamt 3,4 Kilometer lang, führt uns zum Osterbekkanal zurück. Vorher aber passieren wir Kleingärten und Bootswerften. Wir fahren am Stadtparksee vorbei, der nach 1,8 Kilometern links abzweigt. Eine Runde auf dem See, mit Blick auf den Stadtpark **(60)**, den ehemaligen Wasserturm (heute Planetarium) und das Naturfreibad, ist immer zu emp-

An Außenalster und Alsterlauf

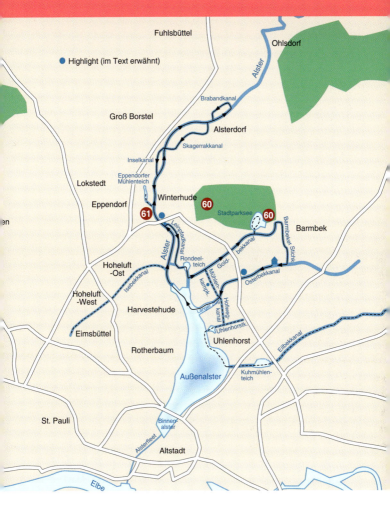

fehlen. Am Osterbekkanal angekommen, halten wir uns rechts und erreichen nach 300 Metern wieder unser Bootshaus. Die gesamte Tour hat eine Länge von 16,7 Kilometern und kann beliebig variiert oder unterbrochen werden. Ebenso möglich sind Touren auf der Außenalster Richtung Innenstadt. Auf der östlichen Seite zweigen der Eilbekkanal und der Uhlenhorstkanal ab. Es gibt genug zu sehen ... Wir wünschen viel Spaß und Erholung auf Hamburgs Gewässern!

Lurche in Hamburg
Das Eppendorfer Moor

Eppendorf und Moor sind Begriffe, die man spontan nicht unbedingt zusammenbringen würde. Steht „Eppendorf" doch für gehobenes Wohnen und elegantes Shoppen in einem der teureren Stadtteile Hamburgs. Und „Moor" eben für Morast und Sumpf.

Doch zwischen der viel befahrenen Alsterkrugchaussee und dem Fuhlsbüttler Flughafen, an der Grenze zu Eppendorf im Stadtteil Groß Borstel, liegt tatsächlich das „Eppendorfer Moor". Das 1982 eingerichtete, mit 15 Hektar viertkleinste Naturschutzgebiet Hamburgs wird von manchen wohl eher für eine Grünanlage gehalten, es soll ja auch zur Erholung der Menschen dienen und darf betreten werden. Hundehalter und Jogger tragen ihr Teil zu den entsprechenden Belastungen bei, und der Straßenname „Orchideenstieg"

ist leider nur noch eine schöne Erinnerung an die einstige botanische Vielfalt an diesem Ort. Trotzdem ist das Eppendorfer Moor mit seiner großen Wasserfläche im Zentrum ein bedeutender Lebensraum für zahllose moortypische Pflanzenarten, außerdem für Tierarten wie Breitflügel-, Wasser- und Zwergfledermaus, Abendsegler, Nachtigall, Grauschnäpper, Kleinspecht, Kleiber und Sumpfmeise, für über 640 Schmetterlingsarten und die in Hamburg gefährdete Gemeine Smaragdlibelle. Bei den Lurchen gibt es „kleine, aber stabile" Vorkommen von Gras- und Teichfrosch und der Erdkröte, auch der Teichmolch wurde gesichtet.

Gut, dass sich neben der Stadt Hamburg auch der Naturschutzbund Deutschland (NABU) um das Moor kümmert.

Wo: Zwischen Alsterkrugchaussee und Flughafen, 22453 Hamburg-Groß Borstel

Wann: Jederzeit

Highlight: Grüne Oase im städtischen Ballungsraum

Infos: www.hamburg.de/eppendorfer-moor

Anfahrt: U1 Lattenkamp, von dort Bus 114 Orchideenstieg

Das Eppendorfer Moor im Stadtteil Groß Borstel. Da es keinen Anschluss mehr an seine natürliche Wasserversorgung hat, muss es künstlich von Sträuchern und Bäumen frei gehalten werden, um die spezifische Moorvegetation zu erhalten.

Verdiente Hamburger ehren
Der Althamburgische Gedächtnisfriedhof

Betritt man den Ohlsdorfer Friedhof durch den Haupteingang an der Fuhlsbüttler Straße, sieht man linker Hand auf der kleinen Anhöhe eine monumentale Marmorfigur des predigenden Christus durch die Bäume leuchten. Wem wird da gepredigt? Die Antwort gibt der Wegweiser „Althamburgischer Gedächtnisfriedhof". Ein schnurgerader, von kegelförmig gestutzten mannshohen Eiben gesäumter Weg führt genau auf die von Xaver Arnold 1904 geschaffene Christusfigur zu. Erhöht auf einer Sandsteintreppenanlage stehend, überblickt sie ein Areal, das streng geometrisch als Wegkreuz im Kreis angelegt ist und von sanft ansteigendem Gelände halbkreisförmig eingefasst wird. Bestattet sind hier verdiente Hamburger Persönlichkeiten vergangener Jahrhunderte – von „Amsinck" bis „Sieveking" –, deren Grabstätte abgelaufen war oder sich auf den ab Ende des 19. Jahrhunderts aufgelösten kirchlichen Friedhöfen befunden hatte. Die Gebeine sind nach Berufsständen geordnet in gemeinsamen Grabstellen beigesetzt. Einigen Vertretern der Künste wurde besondere Ehre erwiesen: Am zentralen Wegekreuz kennzeichnet eine Stele mit Porträtrelief das Grab des früh verstorbenen romantischen Malers Philipp Otto Runge (1777–1810), und eine kleine Säule markiert das Grab der jüdischstämmigen Landschafts- und Porträtmalerin Anita Rée (1885–1933), die sich aus Verzweiflung über die Folgen der „Machtergreifung" der Nationalsozialisten das Leben nahm. In der Mittelachse dicht beim predigenden Christus liegen die Gräber von Alfred Lichtwark (1852–1914), dem ersten Direktor der Hamburger Kunsthalle,

Wo: Fuhlsbüttler Straße 756, 22337 Hamburg-Ohlsdorf
Wann: April bis Oktober 8–21 Uhr, November bis März 8–18 Uhr
Highlight: Bekannte Hamburger Namen suchen
Infos: www.ohlsdorf.de/friedhof/altham.php, www.friedhof-hamburg.de/ohlsdorf
Anfahrt: S1, S11, U1 Ohlsdorf

Der predigende Christus auf dem Althamburgischen Gedächtnisfriedhof in Ohlsdorf

sowie von Fritz Schumacher (1869–1949) und Gustav Oelsner (1879–1956), die als Stadtbaumeister das Gesicht Hamburgs und Altonas entscheidend geprägt haben. Sie gehören zu den wenigen, deren sterbliche Überreste nicht erst hierher umgebettet wurden, sondern gleich ihr Grab auf dem Ehrenfriedhof gefunden haben.

Dieser Ort ist ein würdiger Ausgangspunkt für weitere Erkundungen hamburgischer Lebensgeschichten auf dem Ohlsdorfer Friedhof. Der mit knapp 400 Hektar Fläche größte Parkfriedhof der Welt wurde 1877 als erster kommunaler Friedhof Hamburgs eingerichtet und sollte für die Toten aller Religionen und Konfessionen offen sein. So gibt es auf dem Gelände zum Beispiel auch einen jüdischen Friedhof. Mit seinen über 280 000 teils künstlerisch gestalteten Grabstellen repräsentiert der Ohlsdorfer Friedhof das Gedächtnis der Stadt.

Kultur im Grünen
Das Wellingsbüttler Torhaus

Direkt am idyllischen Alsterwanderweg inmitten einer gepflegten Parkanlage liegt das ehemalige Gut Wellingsbüttel, das vor allem im 18. Jahrhundert durch die Adelsfamilie von Kurtzrock geprägt wurde. Ihr verdankt der Ort nicht nur seinen alten Baumbestand, sondern auch die heute unter Denkmalschutz stehenden Gutsgebäude. Das Torhaus mit seinem Uhrturm ließ Maximilian Günther von Kurtzrock, Oberpostmeister zu Hamburg, 1757 von dem Architekten Georg Greggenhofer errichten. Es diente als Durchfahrt zur Hofanlage, Gesindewohnung, Pferdestall und Speicher.

Heute ist das Torhaus kultureller Mittelpunkt des Alstertals. In seinem nördlichen Flügel befindet sich seit 1957 das Alstertal-Museum, in dem antike Gebrauchsgegenstände, landwirtschaftliche Geräte, Fotos und Schriftstücke über die Heimatkunde und die Schifffahrt auf der Oberalster informieren. Im anderen Gebäudeteil veranstaltet der Kulturkreis Torhaus regelmäßig Konzert- und Theaterabende, Lesungen und Ausstellungen zeitgenössischer Kunst.

Und wer möchte, kann in dem Fachwerkbau sogar heiraten. Als besonderen Service bietet das Standesamt Wandsbek von Mai bis Oktober hier Trauungen in historischem Rahmen an.

Wo: Alstertal-Museum des Alstervereins, Wellingsbüttler Weg 75a, 22391 Hamburg-Wellingsbüttel; Kulturkreis Torhaus im Bürgerverein Wellingsbüttel e.V., Wellingsbüttler Weg 75b, 22391 Hamburg-Wellingsbüttel
Wann: Museum Sa und So 11–13 und 15–17 Uhr
Infos: Tel. 0 40/5 36 66 79, www.alstertal-museum.de; Tel. 0 40/5 36 12 70, www.kulturkreis-torhaus.de
Eintritt: Frei
Anfahrt: S1, S11 Wellingsbüttel

Das Wellingsbüttler Torhaus stammt aus der Mitte des 18. Jahrhunderts. Gemeinsam mit dem gegenüberliegenden Herrenhaus, erstmals 1296 urkundlich erwähnt, bildet es ein idyllisches Ensemble am oberen Alsterlauf.

Kleinod der Natur
Das Rodenbeker Quellental

Quappen und Moderlieschen, Dreistachliger und Neunstachliger Stichling – alle diese Süßwasserfischlein stehen in Hamburg auf der Roten Liste. Im Rodenbeker Quellental haben sie (wieder) ihren Lebensraum. Da muss es gut sein!

Das gleichnamige Naturschutzgebiet lässt sich auf vielen Wegen durchqueren, einer davon ist der Alsterwanderweg. Seinen Namen verdankt es den Quellen von Bredenbek, Lottbek, Mühlenbek, Rodenbek und vielen anderen kleinen Bächen, die als Rinnsale an den Hängen austreten und zu Tal in Richtung Alster fließen. Diese Landschaft ist in der Weichsel-Eiszeit geformt worden. Der Wechsel von Anhöhe und Niederung, lichtdurchflirrtem Buchenwald und schattigem Erlenbruch, plätscherndem Bächlein

Am Alsterwanderweg: Erlenbruchwald im Naturschutzgebiet Rodenbeker Quellental

und modrigem Sumpfloch ist so verlockend, dass man schon mal eine Wanderwegmarkierung übersehen kann und in der beginnenden Dämmerung über jeden ortskundigen Jogger froh ist, der einem den Heimweg zeigt.

Zum Einkehren: Gasthaus „Quellenhof", Rodenbeker Straße 126, 22395 Hamburg-Bergstedt, Mi bis So ab 12 Uhr, Tel. 0 40/ 6 04 92 28, www.gasthausquellenhof-hh.de

Wo: 22395 Hamburg-Bergstedt
Wann: Jederzeit
Infos: www.hamburg.de/rodenbeker-quellental
Anfahrt: U1 Ohlstedt, von dort zu Fuß Richtung Bredenbekstraße in den Haselknick hinein

Wo die stärksten Hirsche röhren
Duvenstedter Brook

Man glaubt es kaum, aber im äußersten Nordwesten Hamburgs liegt ein teilweise bereits seit 1939 unter Naturschutz gestelltes Gebiet von deutschlandweiter Bedeutung – denn hier leben die stärksten Hirsche der Republik. Auf einer Fläche von 785 Hektar kann man, wenn man Glück hat, Kraniche und Graureiher beobachten und auf der Roten Liste stehende Pflanzen wie Sonnentau oder Geflecktes Knabenkraut bewundern. Als seltene Gäste ziehen durch den Brook Seeadler, Fischadler und Schwarzstorch.
Jahrhundertelang wurden die Moorflächen des Brooks (norddeutsche Bezeichnung für sumpfiges Gelände) als Viehweide und zum Torfstich genutzt, bis es Jagdgebiet wurde. Erst 1925 kaufte Hamburg Teile der Wald-

Hirsche im Duvenstedter Brook

und Moorflächen, die dann mit dem Groß-Hamburg-Gesetz 1937 insgesamt an die Hansestadt gelangten.
Besonders eindrucksvoll ist im September die Brunft der Großhirsche, der die des Damwilds folgt. Dann kann einem bei Nacht und Nebel angst und bange werden. Am besten erschließen Sie sich dieses stille und weiträumige Gebiet zu Fuß oder mit dem Rad (Achtung: Einige Wege sind für Radfahrer gesperrt!).

Wo: 22397 Hamburg-Wohldorf-Ohlstedt
Wann: Jederzeit
Highlight: Hirschbrunft im September
Infos: Tel. 0 40/6 07 24 66 (Naturschutz-Informationshaus, Duvenstedter Triftweg 140, Dez./Januar geschlossen), www.hamburg.de/duvenstedter-brook
Anfahrt: U1 Ohlstedt, von dort Bus 276 bis Duvenstedter Triftweg, dann 20 Minuten zu Fuß

Der Westen: Von Altona bis Blankenese

71   Der Altonaer Balkon
72   Heine-Haus und Plangesche Villa
73   Ottensen
74   Der jüdische Friedhof Königstraße
75   Der Dahliengarten im Volkspark
76   Tierpark Hagenbeck
77   Die Kirche des heiligen Prokop
78   Die Elbchaussee
79   Der Teufel bei Teufelsbrück
80   Jenischpark und Ernst Barlach Haus
81   Der Loki-Schmidt-Garten in Klein Flottbek
82   Hotel Louis C. Jacob
83   Der Hirschpark und das Witthüs
84   Op'n Bulln in Blankenese
85   Das Blankeneser Treppenviertel
86   Der Süllberg in Blankenese
87   Bismarckstein
88   Der Römische Garten in Blankenese
89   PuppenMuseum Falkenstein

Junge, komm bald wieder
Der Altonaer Balkon

Eine Stippvisite auf dem Altonaer Balkon lohnt sich zu jeder Zeit und bei jedem Wetter. In dem kleinen Park am Geesthang, 27 Meter über der Elbe, trifft man sich zum Entspannen, Klönen, Boulespielen und genießt dabei das atemberaubende Panorama des Hamburger Hafens.

Nur wenige Schritte vom Altonaer Rathaus entfernt schieben sich schwer beladene Containerriesen behäbig durch die Fluten, werden Frachter aus aller Herren Länder von kleinen Schleppern wendig an die Kais bugsiert. Beim Be- und Entladen der Schiffe sitzt jeder Handgriff, nicht umsonst zählt Hamburg zu den schnellsten Häfen der Welt. Dank großer Flutlichtstrahler braucht hier niemals eine Pause eingelegt zu werden. Für Nachtschwärmer ist der Altonaer Balkon daher ein besonderer Anziehungspunkt – auch weil die zehn eiförmigen Faultürme auf der anderen Elbseite erst dann ihre wahre Schönheit zeigen. Die silbrig glänzenden Gebäude, in denen täglich bis zu 84 000 Kubikmeter Gas zur Stromerzeugung entstehen, verwandeln sich nachts in wahre Lichtkunstobjekte.

Im Hintergrund spannt sich Hamburgs modernes Wahrzeichen, die Köhlbrandbrücke **(108)**, in 54 Metern Höhe elegant über die Süderelbe und den Rugenberger Hafen. Rund um die Uhr sehenswert ist ebenfalls das von dem Architektentrio Bothe Richter Teherani entworfene „Dockland"-Gebäude **(41)**, das rechter Hand windschnittig in die Elbe ragt. Die Aussicht genießen auch die drei bronzenen Fischer, die 1968 von Gerhard Brandes geschaffen wurden. Sie erinnern daran, dass bereits vor Jahrhunderten Familien den Schiffen ihrer Ehemän-

Wo: Ecke Max-Brauer-Allee/Klopstockstraße/Palmaille, 22767 Hamburg-Altona

Wann: Ganzjährig, zu allen Tages- und Nachtzeiten

Highlights: Grandioser Blick auf den Hamburger Hafen, Sehnsuchtsort für Fernwehkranke

Anfahrt: S1, S3, S11, S31 Altona, Busse 112, 383 Elbberg

Blick vom Altonaer Balkon auf Elbe und Köhlbrandbrücke

ner, Väter und Söhne vom hohen Geesthang der Elbe hinterherschauten, wenn diese für Monate auf große Fahrt gingen.
Die Bänke auf dem Altonaer Balkon sind vor allem im Sommer heiß begehrt. Wer einmal mit viel Glück und ein wenig Durchsetzungsvermögen einen Sitzplatz ergattert hat, wird ihn so schnell nicht wieder hergeben.

Im Garten des Onkels
Heine-Haus und Plangesche Villa

Mittellos kam der 1767 geborene Salomon Heine in Hamburg an. Als er 1844 starb, hinterließ er umgerechnet 110 Millionen Euro. Man nannte ihn wegen seines Reichtums den „Rothschild von Hamburg". Der Nachwelt in Erinnerung geblieben ist er als Retter Hamburgs nach der großen Brandkatastrophe von 1842 und als Förderer seines Neffen, des Dichters Heinrich Heine, der unter anderem den Sommer in Hamburg als „grün angestrichenen Winter" beschrieb.

Vom umfangreichen Ottenser Landsitz des Onkels ist neben dem 1832 errichteten Gartenhaus an der Elbchaussee 31, dem heutigen Heine-Haus, noch weiter hinten im Heine-Park eine Villa erhalten, die er für seine Tochter hat bauen lassen (Elbchaussee 31a). Im 1881 abgerissenen Hauptgebäude seines Landsitzes, von Heinrich Heine – der oft mit seinem Onkel haderte – als „Affrontenburg"

Eine Allee führt durch den Heine-Park zur Plangeschen Villa.

bezeichnet, gab der als Bankier reich gewordene Salomon Heine prunkvolle Gesellschaften.

Vor dem Verfall gerettet wurde das Gartenhaus von engagierten Bürgern. Sie gründeten 1975 einen Verein, der das Haus übernahm, restaurierte und vier Jahre danach der Öffentlichkeit zugänglich machte. Seit 2001 ist das Heine-Haus eine Außenstelle des Altonaer Museums. Zahlreiche Kulturveranstaltungen finden im kleinen Vortragsraum des Gebäudes statt. Das Standesamt Altona bietet auch Trauungen im Heine-Haus an.

Wo: Heine-Haus, Elbchaussee 31, 22765 Hamburg-Ottensen
Infos zu Veranstaltungen und Besichtigungsterminen:
Tel. 0 40/82 27 81 97, www.heine-haus-hamburg.de
Anfahrt: Bus 36 Susettestraße

Der Westen

Das Gartenhaus des umfangreichen Landsitzes von Salomon Heine, dem Onkel Heinrich Heines. Im Hintergrund die Elbchaussee

Stilvoll feiern lässt es sich gleich nebenan in der Plangeschen Villa (Elbchaussee 43). Sie wurde 1913 von dem Hamburger Mühlenbesitzer Georg Plange errichtet, der das Gelände des Heine-Parks 1903 erworben hatte. Später übernahm die Hamburger Finanzverwaltung den Landsitz, um ihn für den Ausbau der Seefahrtschule zu nutzen. Nach dem Verkauf an einen Hamburger Reeder und umfangreicher Sanierung residiert in der denkmalgeschützten Plangeschen Villa seit 2009 der Business Club Hamburg. Man kann die prächtigen Räumlichkeiten für private Feiern mieten – oder einfach mit Familie und Freunden das Sonntagsfrühstück mit Traumblick auf Elbe und Hafen genießen.

Wo: Plangesche Villa, Elbchaussee 43, 22765 Hamburg-Ottensen
Infos: Tel. 0 40/4 21 07 01 80, www.villa-im-heine-park.de
Highlight: Sonntagsfrühstück mit Elbblick (jeden Sonntag 9–14 Uhr)
Anfahrt: Bus 36 Susettestraße

Leben und leben lassen
Ottensen

Bei den ersten Sonnenstrahlen werden Tische und Stühle vor die Tür gerückt, an den besten Eisdielen der Stadt stehen geduldig wartende Schlangen, Nachbarn treffen sich zum Klönschnack. Rund um die Ottenser Hauptstraße, den Spritzenplatz und die Bahrenfelder Straße wird der Bürgersteig zum Wohnzimmer, das Café zum Büro. Der Stadtteil Ottensen im Westen Hamburgs bildet mit seinen über 30 000 Einwohnern ein eigenes Universum.

Das einstige Bauern- und Handwerkerdorf Ottensen erhielt bereits 1601 unter den Grafen von Holstein-Pinneberg das Privileg der freien Religionsausübung. 1640, mit dem Wechsel unter dänische Herrschaft, kamen zahlreiche Zoll-, Stapel- und Gewerbefreiheiten hinzu, wodurch sich ein freier, toleranter Geist entwickelte, den es im nahen Hamburg in dieser ausgeprägten Form nicht gab. Dies änderte sich auch nicht, als Ottensen 1866 nach dem Deutsch-Dänischen Krieg Teil der preußischen Provinz Schleswig-Holstein und 1889 Stadtteil von Altona wurde. Erst 1938 verlor es zusammen mit Altona durch das Groß-Hamburg-Gesetz seine Selbstständigkeit.

Im 19. Jahrhundert siedelten sich in Ottensen große Fabriken zur Glas-, Tabak- und Metallverarbeitung an. Noch heute kommt man bei einem Bummel durch das Viertel an zahlreichen behutsam restaurierten Fabrikhallen vorbei, die von der bedeutenden industriellen Vergangenheit zeugen. Ein besonderes Kleinod ist die alte Schiffsschraubenfabrik in den Zeisehallen, die zum Medienzentrum avanciert ist.

Wo: Hamburg-Ottensen
Highlights: Originelle und individuelle Läden und Boutiquen, lebendige Kneipenkultur. Leckeres hausgemachtes Eis gibt es zum Beispiel in der Eisliebe, Bei der Reitbahn 2; sehr zu empfehlen sind auch die „Harten Jungs" (Schokoeis mit Schokostücken) bei Eis Schmidt, Ottenser Hauptstraße 37.
Anfahrt: S1, S3, S11, S31 Altona

Ottenser Hauptstraße: eine Mélange aus Boutiquen, Kneipen und Cafés

Auch das erste und wohl bekannteste Kultur- und Kommunikationszentrum in Deutschland, das bereits 1971 gegründet wurde, befindet sich in Ottensen: die „Fabrik" an der Barnerstraße, in der früher Maschinen hergestellt wurden.

Heute ist das einstige Arbeiterviertel ein lebendiges, multikulturelles Quartier, das sich seine Toleranz und Offenheit bewahrt hat. Wer hier lebt, ist mit Leib und Seele Ottenser und erst in zweiter Linie Hamburger.

Einzigartiges Kulturdenkmal
Der jüdische Friedhof Königstraße

An der verkehrsreichen Altonaer Königstraße stehend, ahnt man kaum, dass sich hinter der langen Mauer, über die man hohe Bäume ragen sieht, ein einzigartiges Kulturdenkmal verbirgt. Eine Tafel gibt Auskunft: Hier haben ab dem Jahr 1611 die sefardischen (das heißt ursprünglich portugiesisch-spanische), ab 1616 auch die aschkenasischen (das heißt deutsche, mittel- und osteuropäische) Juden Hamburgs und Altonas ihre Toten begraben. Der Friedhof an der Königstraße ist damit der älteste jüdische Friedhof in der Hansestadt und mit seinem sefardischen Teil sogar der älteste Portugiesenfriedhof in Nordeuropa. Wegen seiner kulturgeschichtlichen Bedeutung steht der 1877 geschlossene Friedhof seit 1960 unter Denkmalschutz und soll zum UNESCO-Weltkulturerbe erklärt werden. Trotz Zerstörung durch NS-Herrschaft, Bomben, Vandalismus und wuchernden Baumbewuchs sind noch etwa 1600 sefardische und 6500 aschkenasische Grabsteine oder Steinfragmente erhalten. Beim Gang über das 1,9 Hektar große Gelände sind beide Friedhofsbereiche auf den ersten Blick dadurch zu unterscheiden, dass die sefardischen Grabsteine liegend, die aschkenasischen stehend platziert wurden. Die sefardischen sind aufwendig gestaltet – mit Ornamenten, biblischen Szenen, symbolischen Anspielungen auf die Namen des Toten –, die aschkenasischen schlicht. Kundige Führer wie Michael Studemund-Halévy von der Universität Hamburg bringen die Grabinschriften zum Sprechen. Vor allem die sefardischen Steine – oft in portu-

Wo: Königstraße 10a, 22767 Hamburg-Altona
Wann: Oktober bis März Di, Do, So 14–17 Uhr, April bis September Di und Do 15–18 Uhr, So 14–17 Uhr
Highlight: Öffentliche Führungen So 12 Uhr
Infos: Tel. 0 40/30 03 59 84, www.denkmalstiftung.de
Anfahrt: S1, S3 Reeperbahn oder Königstraße, Bus 283 Blücherstraße

Der jüdische Friedhof an der Altonaer Königstraße ist nicht nur der älteste in Hamburg (1611–1877), sondern wegen der außerordentlichen Grabsteinkunst ein wichtiges Zeugnis jüdischer Geschichte in Norddeutschland.

giesischer statt hebräischer Sprache gehalten – dokumentieren erstaunliche Lebenswege von Amsterdam über Hamburg bis zur Karibikinsel Curaçao. Dort gab es sefardische Exilgemeinden und folglich auch verwandtschaftliche und geschäftliche Beziehungen. Auf dem aschkenasischen Teil finden sich die Gräber mehrerer bedeutender Rabbiner sowie bekannte Namen von historischen Persönlichkeiten wie Samson Heine (dem Vater von Heinrich Heine) und Fromet Mendelssohn (der Frau des berühmten Philosophen Moses Mendelssohn).

Seit 2007 steht im Eingangsbereich das Empfangs- und Informationsgebäude „Eduard-Duckesz-Haus" mit Vortragsraum, Bibliothek und Arbeitsraum zur Verfügung.

Ein Blütenmeer aus Mexiko
Der Dahliengarten im Volkspark

Im Altonaer Volkspark können Sie den ältesten – seit 1920 bestehenden – Dahliengarten Deutschlands sehen und erleben. Von seinem Betreiber, dem Bezirksamt Altona, wird er gar als „Garten der Rekorde" angepriesen, denn er verfügt nicht nur über die meisten Sorten (zurzeit circa 600), sondern mit einer Höhe von 3,03 Metern auch über die höchste jemals in Deutschland gezüchtete Dahlie. Ganz besonders stolz ist man auf die zahlreichen Antik-Sorten der eigentlich aus dem sonnigen Mexiko stammenden Blumen, sowie die jährliche Präsentation von Prominenten-Dahlien in Anwesenheit der Berühmtheiten. Als Namensgeber der neu gezüchteten Sorten konnten Größen aus dem Showgeschäft, der Politik und dem Sport gewonnen werden. Wo gibt es schon Blumen, die Uwe Seeler, Franz Beckenbauer, Loki Schmidt oder John Neumeier heißen? Alles Wissenswerte über die etwa 11 000 Dahlien finden Sie auf zwei großen Informationstafeln. Im Kiosk am Haupteingang, Ecke Stadionstraße/Luruper Chaussee, können Sie auch Kuriositäten wie Dahlien-Likör erwerben oder sich ein Formular für die Bestellung Ihrer Dahlien-Sorten fürs nächste Jahr mitnehmen. Seit 2002 steht der pro Saison von rund 200 000 Gartenfreunden besuchte Dahliengarten im Volkspark unter Naturschutz. Auf seinen 40 Bänken und 56 Stühlen gibt es genügend Möglichkeiten, auszuspannen und inmitten der intensiven Blütenpracht abzuschalten.

Wo: Stadionstraße 10, 22525 Hamburg-Bahrenfeld
Wann: Mitte Juli bis Ende Oktober täglich 8–20 Uhr
Infos: Tel. 0 40/89 71 26 93, www.dahliengarten-hamburg.de
Eintritt: Frei
Anfahrt: Bus 2 Stadionstraße

Der Westen

Steht seit 2002 unter Naturschutz: der Dahliengarten. Im Spätsommer verwandeln die Dahlien das am Rand des Altonaer Volksparks gelegene Gelände in ein wahres Blütenmeer. Vor mehr als 200 Jahren wurde die „Königin des Herbstes" aus dem sonnigen Mexiko importiert.

Den Affen machen
Tierpark Hagenbeck

Hagenbeck ist in Hamburg eine Institution. Bereits 1848 begann Gottfried Claes Hagenbeck mit der Zurschaustellung von Seehunden. Sein Sohn Carl setzte die Tradition fort, wurde unter anderem durch „Völkerschauen" weltberühmt und eröffnete 1907 den mit künstlichen Landschaften bestückten Tierpark in Stellingen, das damals noch zu Schleswig-Holstein gehörte. Unter möglichst naturgetreuen Bedingungen, so Carl Hagenbeck, sollten seine Tiere leben. Statt Zäunen und Gittern trennen diskret angelegte Gräben die Raubtiere von den Zoobesuchern, sodass diese den Eindruck gewinnen können, mitten in der Wildnis zu stehen. Der bis heute privat betriebene Zoo wurde seit seiner Gründung immer wieder ausgebaut und um neue Attraktionen erweitert, wie zum Beispiel das sensationelle Tropen-Aquarium und das 2012 neu eröffnete Eismeer mit 1200 Quadratmeter Wasserfläche und einem 750 Meter langen Rundweg durch die polaren Welten. Neben dem hautnahen Erleben der Tierwelt werden bei Hagenbeck Themen und Landschaften inszeniert. Im Afrika-Panorama tummeln sich unter anderem Flamingos, Zebras und Löwen (Tipp: zur Fütterungszeit hingehen). Die Japan-Insel ist eine Oase der Ruhe inmitten der hektischen Welt der Großstadt. Eine besondere Attraktion sind die sommerlichen Abendveranstaltungen: Bei den Dschungel-Nächten ver-

Wo: Lokstedter Grenzstraße 2, 22527 Hamburg-Stellingen
Wann: Tierpark März bis Juni und September/Oktober täglich 9–18 Uhr, Juli/August 9–19 Uhr, November bis Februar 9–16.30 Uhr; Tropen-Aquarium täglich 9–18 Uhr
Highlights: Tropen-Aquarium, Eismeer, Dschungel- und Romantik-Nächte
Infos: Tel. 0 40/5 30 03 30, www.hagenbeck.de
Eintritt Tierpark: 20 €, Kinder 15 €; Tropen-Aquarium 14 €, Kinder 10 €; diverse Familien-, Gruppen-, Kombi- und Jahreskarten
Anfahrt: U2 Hagenbecks Tierpark

Freigehege im Tierpark Hagenbeck mit Flamingos und Zebras

mischen sich die Geräusche des tropischen Regenwalds mit Klängen afrikanischer und lateinamerikanischer Musik, und der Park ist in ein geheimnisvolles Licht getaucht. Den Besucher erwarten neben der Vielzahl von exotischen Tieren auch Shows (mit und ohne Tiere) und natürlich Speisen und Getränke.
Bei den Romantik-Nächten bringen junge Nachwuchsmusiker an den schönsten Plätzen im Tierpark klassische Werke zum Klingen – begleitet von trötenden Elefanten und kreischenden Affen. Stelzenläufer in fantasievollen Kostümen, nostalgische Kutschfahrten, kulinarische Köstlichkeiten und anregende Drinks runden das sommerliche Kultur-Highlight ab.

Russland in Hamburg
Die Kirche des heiligen Prokop

Ragen da, mitten in Stellingen, wirklich Zwiebeltürme über grün gedeckten Dächern hervor? Tatsächlich, blau bemalt, mit goldenen Sternen verziert ziehen sie die Blicke auf einen eindrucksvollen kleinen Kirchenbau. Hier an der Hagenbeckstraße, in deutlichem Kontrast zu den Siebzigerjahre-Massenwohnungsbauten der benachbarten Lenzsiedlung, steht die märchenhaft anmutende Russische Kirche des heiligen Prokop in Hamburg. Der kreuzförmige Zentralbau, traditionell konzipiert als symbolischer Kosmos, entstand zwischen 1961 und 1965 und erinnert mit eben jenen Zwiebeltürmen und dem Glockengiebel an alte russische Kirchen. Auch die Innenausstattung mit Fresken und der für orthodoxe Kirchen typischen Bilderwand (Ikonostase) ist daran angepasst. Seit

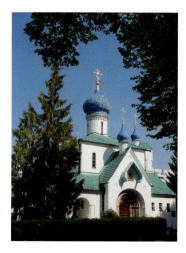

Die russisch-orthodoxe Kirche in Stellingen

1994 steht die in Norddeutschland einzigartige Kirche unter Denkmalschutz. Besucher sind beim Gottesdienst stets willkommen. Besonders eindrucksvoll sind dabei die Gesänge des Kammerchors der Kirche, die ein Hauptbestandteil der russisch-orthodoxen Liturgie sind.

Wo: Hagenbeckstraße 10, 22527 Hamburg-Stellingen
Wann: Gottesdienste in deutscher Sprache jeden 1. Sonntag im Monat 10–12 Uhr, am Samstag vorher Abendgottesdienst in deutscher Sprache 17–19.30 Uhr
Infos: Tel. 0 40/40 40 60, www.prokopij.de, www.kammerchor-russisch-orthodoxe-kirche-hamburg.de/
Anfahrt: U2 Lutterothstraße

Die schönste Straße der Welt
Die Elbchaussee

Sie ist mehr als acht Kilometer lang, verläuft parallel zu einem der größten Flüsse Europas, und rechts und links säumen Villen und großzügige Parkanlagen den Weg – für viele ist die Elbchaussee die schönste Straße der Welt.

Ursprünglich nur ein sandiger Fahrweg, wurde sie um 1820 zur Chaussee ausgebaut. Da waren die stattlichen Häuser der Heines, Donners, Sievekings, Godeffroys (viele vom dänischen Architekten Christian Frederik Hansen geplant) meist schon errichtet. Auch die Parks waren bereits angelegt. Seither hat sich die Elbchaussee zur ersten Adresse begüterter und auf Tradition bedachter Hamburger entwickelt. Wie um dem Klischee gerecht zu werden, weht oft im Garten oder vor dem Eingang die Flagge der Reederei oder Handelsfirma.

Vom Altonaer Rathaus geht es an schöner Gründerzeitbebauung vorbei bis zum Heine-Haus und der Plangeschen Villa **(72)**, dem Rosengarten (gegenüber der Einmündung Hohenzollernring), der Brandt'schen Säulenvilla (rechts, hier wurde „Der amerikanische Freund" von Wim Wenders gedreht) und Schröders Elbpark (links) bis zum direkt dahinter liegenden, ebenfalls von Christian Frederik Hansen entworfenen Halbmondhaus (rechts). Kurz vor dem Jenischpark **(80)**, rechts von Teufelsbrück **(79)**, liegt noch der kleine Hindenburgpark. Überall führen Wege vom Elbhang hinunter zum Fluss, der berühmteste ist die Himmelsleiter. Nun haben Sie erst die Hälfte dieser Prachtstraße entdeckt. Weitere Highlights auf dem Weg: das Hotel Louis C. Jacob **(82)** und der Hirschpark **(83)**.

Wo: Elbchaussee
Wann: Zu jeder Jahreszeit; am schönsten ist es, wenn die Rhododendren blühen, zum Beispiel in Schröders Elbpark
Anfahrt: S1, S11, S3, S31 Altona, dann ab Altonaer Rathaus mit dem Bus 36 die Elbchaussee bis Mühlenberg fahren (Abstecher in den Hirschpark). Fragen Sie den Busfahrer, an welcher Haltestelle Sie aussteigen müssen, um einen der oben angegebenen Parks zu besuchen.

Die Sage vom Teufel
Der Teufel bei Teufelsbrück

Dort wo die Elbchaussee der Elbe am nächsten ist, steht ganz unauffällig zwischen Weg und Straße eine kleine Teufelsstatue, die an eine alte Legende erinnert, die hier ihren Schauplatz hat.

Immer wieder sollen Fuhrwerke an der Furt, wo die Flottbek in die Elbe mündet, durch Radbruch verunglückt sein. Daher nahmen die abergläubischen Fuhrknechte an, dass es dort mit dem Teufel zuginge. Ein Zimmermann wurde beauftragt, eine Brücke zu bauen. Dieser nahm dafür die Hilfe des Teufels in Anspruch, dem er versprechen musste, ihm die Seele des ersten Lebewesens, das die Brücke überquerte, zu überlassen. Als am Tag der Einweihung der Nienstedtener Pfarrer die Brücke betreten wollte, wurde ein Hase von der Menge aufgescheucht und lief als erstes Lebewesen über die Brücke.

Die heutige kleine Statue aus Sandstein, geschaffen vom Künstler Bert-Ulrich Beppler, steht hier erst seit dem Jahr 2000. Ihre aus Holz geschnitzten Vorgänger wurden mehrfach gestohlen.

Nach dem Verweilen am Teufel sollten Sie unbedingt die Aussicht auf den Jenischpark **(80)** genießen (mit eventuellem Abstecher zum Jenisch Haus und zum Ernst Barlach Haus im Park) und danach auf den Fähranleger gehen. Hier erwartet Sie nicht nur das Erlebnis Elbe, sondern auch eine Möglichkeit, sich mit Trink- und Essbarem zu erfrischen.

Ein auslaufendes Containerschiff passiert den Anleger Teufelsbrück, rechts auf dem Ponton das „Café Engel".

Wo: Hamburg-Othmarschen, an der Grenze zu Nienstedten
Wann: Ganzjährig
Highlights: Die Statue, der Hafen und der Ponton
Anfahrt: Busse 21, E86, 36, 39, 286 Teufelsbrück oder Hafenfähre 62 nach Finkenwerder, von dort Linie 64 nach Teufelsbrück

Natur und Kunst am Elbhang
Jenischpark und Ernst Barlach Haus

Der Jenischpark an der Elbchaussee zählt zu den schönsten Parkanlagen Hamburgs. Er wird von Kunst- und Naturfreunden gleichermaßen geschätzt.
Schon der Hamburger Kaufmann Baron Caspar Vogt respektierte bei der Anlage seines Parks Ende des 18. Jahrhunderts die reichen Naturgegebenheiten wie zum Beispiel die alten Solitäreichen. Das Flottbektal im Süden des Geländes steht inklusive des angrenzenden Waldes auf dem Geestrücken seit 1982 unter Naturschutz. Hier prägen Sumpfdotterblume und Schlangenwurz, Grasmücken und ab und an ein Eisvogel das Bild. Die von der Elbtide beeinflussten Feuchtwiesen stehen bei sehr hohen

Klassizistisches Gebäude mit großartigem Elbblick: das Jenisch Haus

Sturmfluten sogar unter Wasser. Der Park war als Teil eines Musterguts („ornamented farm") nach dem Vorbild englischer Landschaftsgärten gestaltet, deren Ideal besondere Naturnähe ist. Ein Symbol für die Einheit von Natur und Kultur ist die kleine Holzhütte mit den ovalen Fenstern (volkstümlicher Name „Eier-

Wo: Jenischpark mit Jenisch Haus, Baron-Vogt-Straße 50, Ernst Barlach Haus, Baron-Vogt-Straße 50a, 22609 Hamburg-Othmarschen
Wann: Park jederzeit; Jenisch Haus Di bis So 11–18 Uhr; Ernst Barlach Haus Di bis So (an Feiertagen auch Mo) 11–18 Uhr
Infos: Jenischpark www.jenischparkverein.de; Jenisch Haus Tel. 0 40/82 87 90, www.altonaermuseum.de/jenisch-haus; Ernst Barlach Haus Tel. 0 40/82 60 85, www.barlach-haus.de
Eintritt: Jenisch Haus 5 € (ermäßigt 3,50 €), Kinder und Jugendliche bis 17 Jahre frei; Ernst Barlach Haus 6 € (ermäßigt 4 €), Kinder bis 12 Jahre frei, Familienkarte 7 €, Kombikarte mit Jenisch Haus 8 €
Anfahrt: S1, S11 Klein Flottbek, Busse 15 Hochrad, 286 Holztwiete

Das Ernst Barlach Haus beherbergt zahlreiche Hauptwerke des Bildhauers.

hütte") an der Grenze zwischen Wiese und Wald mit weitem Blick über das Flottbektal. Sie spiegelt die Vorstellung von der Urhütte, dem ersten menschlichen Gebäude, wie es der antike Architekturtheoretiker Vitruv beschrieben hat, der in der Zeit der Aufklärung und des Klassizismus, als man nicht nur in der Baukunst nach unverfälschter Ursprünglichkeit suchte, viel gelesen wurde. Über dem Giebel ruft die Widmung AMICIS ET QVIETI (Den Freunden und der Ruhe geweiht) zur Besinnung auf wahre Werte auf.

Das an der höchsten Stelle des Parks gelegene, 1831–34 von Franz Gustav Forsmann als Landhaus für den Hamburger Ratsherrn Martin Johann Jenisch errichtete klassizistische Jenisch Haus mit seinem großartigen Blick auf die Elbe ist heute als Museum für Kunst und Kultur an der Elbe ein Teil des Altonaer Museums. Es bietet interessante Sonderausstellungen zur Geschichte des Parks, zu seiner Gartenkultur oder zu Berühmtheiten aus den Elbvororten an. An der Nordseite des Parks lohnt das 1962 eröffnete und bis heute von der Stiftung Hermann F. Reemtsma privat getragene Ernst Barlach Haus unbedingt einen Besuch. Der moderne, lichte Museumsbau beherbergt zahlreiche Hauptwerke des expressionistischen Bildhauers, Zeichners und Schriftstellers Ernst Barlach (1870–1938), darunter nahezu ein Drittel seiner kostbaren Holzskulpturen. Neben regelmäßigen Sonderausstellungen zur Kunst der Klassischen Moderne und der Gegenwart bietet das Haus ein vielfältiges Veranstaltungsprogramm, darunter die Konzertreihe „Klang & FORM".

Florale Weltreise
Der Loki-Schmidt-Garten in Klein Flottbek

Wenn man nach einem langen Tag im Büro die verpasste Dosis Frühling (oder Sommer, oder Herbst ...) nachholen will, ist ein Besuch im Botanischen Garten, der seit 2012 Loki-Schmidt-Garten heißt, immer eine gute Idee, egal ob man beim Schlendern etwas Neues entdecken oder inmitten der Pflanzen einfach nur die Ruhe genießen möchte. Heimische Nutzpflanzen, der Duft- und Tastgarten, das Rosarium oder der Apothekergarten: Die Vielfalt der Pflanzenwelt wird einem auf dem 25 Hektar großen Freigelände eindrucksvoll nahegebracht. Hier schafft man sogar an nur einem Tag eine Weltreise! Die Areale mit Pflanzen aus Europa, Asien, Nord- und Südamerika reihen sich bequem aneinander, sodass der Weg von der heimischen Heide über den chinesischen Garten mit Pagode

Der Wüstengarten mit seinen 15 Meter hohen Doppelpyramiden ist ein Geschenk der Vereinigten Arabischen Emirate an Hamburg.

in die nordamerikanische Prärie gemütlich zu Fuß zu schaffen ist. Ein Fleck ganz besonderer Art ist der Wüstengarten mit der gläsernen Doppelpyramide – ein Geschenk der Vereinigten Arabischen Emirate –, der im Juni 2005 von Loki Schmidt eröffnet wurde.
Der ursprünglich in den Wallanlagen am Rand der Neustadt angelegte Botanische Garten wurde

Wo: Ohnhorststraße, 22609 Hamburg-Osdorf, gegenüber dem S-Bahnhof Klein Flottbek
Wann: Täglich von 9 Uhr bis circa 1,5 Stunden vor Sonnenuntergang (außer 24.12. und 31.12. sowie bei Glätte)
Highlight: Wüstengarten mit Glaspyramide
Infos: Tel. 0 40/42 81 64 76, www.bghamburg.de
Anfahrt: S1, S11 Klein Flottbek

bereits 1821 gegründet und gehört seit 1919 zur Universität Hamburg; damit ist er eine der ältesten öffentlichen Einrichtungen der Stadt. 1979 wurde er aufgrund Platzmangels nach Klein Flottbek verlegt, nur die bis heute zum Botanischen Garten gehörenden Tropengewächshäuser befinden sich noch am alten Standort in Planten un Blomen **(18)**. Die lange Tradition botanischer Gärten als Mittelpunkt von Forschung und Lehre wird inzwischen auch im Bereich der Schul- und allgemeinen Umweltbildung fortgeführt. Im Loki Schmidt Haus, einem botanischen Museum auf dem Gelände, kann man sich sogar im Winter über Nutzpflanzen und ihre Verwendung informieren. Der Loki-Schmidt-Garten und sein Förderverein „Gesellschaft der Freunde des Botanischen Gartens Hamburg e. V." bieten zusätzlich ganzjährig fachkundige Führungen mit wechselnden Themenschwerpunkten sowie ein vielseitiges Veranstaltungsprogramm für Groß und Klein an. Wer die Pflanzenpracht nicht unvorbereitet genießen möchte,

Der niederdeutsche Bauerngarten ist von einem Steinwall umgeben und so angelegt, wie er noch im 19. Jahrhundert zu traditionellen Hofanlagen gehörte.

kann sich über die gut gemachte Homepage des Fördervereins schon einmal im Vorwege informieren, einen virtuellen Spaziergang unternehmen oder durch die Pflanzendatenbank stöbern und planen, auf welchem Weg er an möglichst vielen seiner Lieblingsblumen schnuppern kann.

Die Lindenterrasse
Hotel Louis C. Jacob

Der berühmte Maler Max Liebermann hat sie gemalt, die legendäre Lindenterrasse des Restaurants und Hotels „Louis C. Jacob". Das Gemälde, das im Juli 1902 auf Anregung des damaligen Direktors der Hamburger Kunsthalle, Alfred Lichtwark, entstand, fängt die Atmosphäre eines unmittelbar erlebten sonntäglichen Augenblicks grandios ein. Unter den wie ein Dach sich über den Garten legenden Linden zu sitzen, zu speisen, zu plaudern oder einfach auf die Elbe zu schauen, ist damals wie heute ein Erlebnis der ganz besonderen Art.

Der traditionsreiche Name geht auf den französischen Landschaftsgärtner Daniel Louis Jacques zurück, der als Emigrant an die Elbe kam, wo er sich fortan Jacob nannte. Er verliebte sich in die Witwe Elisabeth Burmester, der ein Zuckerbäckerbetrieb an der Elbchaussee gehörte. Er kaufte ihr das Anwesen ab und heiratete sie 1791.

Gemeinsam eröffneten sie einen Beherbergungsbetrieb mit angeschlossener Weinstube und legten zum Elbhang die mit Linden bepflanzte Terrasse an. In den inzwischen mehr als zwei vergangenen Jahrhunderten haben hier zahlreiche Prominente wie Zarah Leander, Erich Kästner, Maria Callas und Henry Miller logiert und – kürzlich – Robert Redford geheiratet.

Auch heute noch kann man in stilvoller Umgebung die große Vergangenheit des „Jacob" Revue passieren oder einfach die Neuzeit mit den vorbeifahrenden Riesen-Containerschiffen und dem gegenüberliegenden Airbus-Werk an sich herankommen lassen.

Auf absolutem Spitzenniveau kocht der mit Michelinsternen ausgezeichnete Thomas Martin, aber auf der Lindenterrasse gibt es auch eine Bistrokarte. Rustikaler geht es im „Kleinen Jacob" auf der gegenüberliegenden Straßenseite zu.

Wo: Elbchaussee 401–403, 22609 Hamburg-Nienstedten
Infos: Tel. 0 40/8 22 55-0, www.hotel-jacob.de
Anfahrt: Bus 36 Sieberlingstraße

Max Liebermann: „Terrasse im Restaurant Jacob in Nienstedten an der Elbe", Öl auf Leinwand, 1902/03. Der große Maler des deutschen Impressionismus wohnte in dem auch damals schon berühmten Hotel „Louis C. Jacob", als er diesen sonntäglichen Augenblick auf der Lindenterrasse für die Nachwelt festhielt.

Wo Hans Henny Jahnn lebte und arbeitete
Der Hirschpark und das Witthüs

Er war ein ungewöhnlicher Mann, dieser Hans Henny Jahnn. Der 1894 in Stellingen geborene Sohn eines Schiffbauers, der sich schon als Jugendlicher mit dem Orgelbau befasste, emigrierte mit 21 Jahren nach Norwegen, um der Einberufung im Ersten Weltkrieg zu entgehen. Nach dessen Ende kam er wieder nach Hamburg, wurde Schriftsteller, stand den 1933 an die Macht kommenden Nationalsozialisten kritisch gegenüber, lebte danach zeitweise auf der dänischen Ostseeinsel Bornholm, wo er sein Hauptwerk „Fluss ohne Ufer" schrieb und einen Bauernhof bewirtschaftete. 1950 kehrte er erneut nach Hamburg zurück, wo er sich gegen die Wiederbewaffnung der Bundesrepublik engagierte und Gründungspräsident der Hamburger Freien Akademie der Künste wurde. Bis zu seinem Tod

Wo der Schriftsteller Hans Henny Jahnn lebte: das Witthüs

1959 wohnte und arbeitete er im Witthüs im Hirschpark. In dem um 1800 als Kavaliershaus errichteten Nebengebäude zum Godeffroy'schen Herrenhaus kann man vorzüglich Kaffee oder Tee trinken, am Sonntag brunchen und am Abend die liebevoll zubereiteten Speisen in einer besonderen Atmosphäre genießen.

Wo: Witthüs Café Teehaus Restaurant, Elbchaussee 499a, 22587 Hamburg-Nienstedten, im Hirschpark, Einfahrt Mühlenberg
Wann: Di bis Sa 14–23 Uhr, So und Feiertage 10–23 Uhr, Restaurant ab 19 Uhr
Infos: Tel. 0 40/86 01 73, www.witthues.com
Anfahrt: S1, S11 Blankenese, Busse 22, 36, 286 Mühlenberg

Spaziergang
Vom Witthüs, das Sie am besten über den Zugang vom Mühlenberg aus erreichen, gehen Sie zunächst einmal zum nicht zu übersehenden, vom berühmten dänischen Baumeister Christian Frederik Hansen entworfenen Landsitz der Familie Godeffroy. Jean Caesar IV. Godeffroy hatte im Jahr 1786 den Hirschpark, das damals größte Landgut in der Gegend, erworben. Rund hundert Jahre waren Park und Haus im Familienbesitz, gingen dann an einen anderen Hamburger Kaufmann, bevor die Flächen 1924 von der Gemeinde Blankenese erworben und 1927 der Öffentlichkeit zugänglich gemacht wurden. Nun geht es links am Haus vorbei Richtung Elbe. Nach gut 300 Metern erreichen Sie einen Aussichtspunkt mit Bänken, von dem aus Sie einen schönen Blick auf den Mühlenberger Jachthafen, die Elbe und das gegenüberliegende Airbusgelände haben. Weiter geht es nach links zum Damwildgehege mit seinen Wasservögeln und Pfauen (mit Kindern ein Muss!). Dann am Zaun vorbei über die große Wiese mit

Die Doppellindenallee im Hirschpark

ihrem alten Baumbestand. Nun scharf nach links schauen: Vor Ihnen liegt eine nicht ganz durchgängige vierreihige Lindenallee mit 60 hohen Bäumen, durch die Sie hindurchgehen sollten und die zu den schönsten Partien gehört, die Hamburgs Parkgärten zu bieten haben. Danach biegen Sie wieder scharf links ab und gehen in den kleinen Schmuckgarten, der mit vielen Bänken versehen ist. Von hier aus können Sie schon wieder das Witthüs sehen.

Mini-Urlaub an der Elbe
Op'n Bulln in Blankenese

Hier trifft man sich: der Hamburger, der Blankeneser, der Quiddje, der Müßiggänger, der Lebenskünstler, die Schiffegucker, die Möchtegernkapitäne … Und hier hat man eine Bühne, die es vielleicht nur stromaufwärts noch einmal gibt – auf dem Anleger Teufelsbrück (**79**). Aber an dieser Stelle ist die Elbe schon ein Strom – mit einer Breite von mehr als zwei Kilometern, mit trocken fallenden Watten und manchmal gefährlich hoch auflaufenden Fluten. Hier riecht es nach Meer.

Bevor Sie über die Brücke den Ponton erreichen, schauen Sie auf die gut gemachte Informationstafel, auf der Sie viel erfahren über die Geschichte Blankeneses, seine Bedeutung als Fischerdorf und Fährort, seine Häuser und Menschen.

Dann geht es auf der mit dem Festland verbundenen Gangway – je nach Ebbe oder Flut – mal steil hinab, mal leicht himmelwärts hinauf. Auf dem Bulln angekommen, der übrigens seinen Namen von flachen, vorn und hinten runden Booten erhalten hat, die hier früher anlegten und „Bullen" genannt wurden, steigen Sie die Treppe zur Aussichtsplattform hoch – und genießen die Aussicht auf die Elbe, die schon von Weitem sichtbaren Ozeanriesen, die kleinen Barkassen und die vielen Segler, die sich von April bis Oktober auf dem Strom tummeln. Danach sollten Sie sich ganz langsam umdrehen und auf den lang gezogenen Geesthang, das Treppenviertel (**85**), schauen. Die oft reetgedeckten Häuser liegen dicht an dicht neben- und über-

Wo: Strandweg, 22587 Hamburg-Blankenese
Wann: Ganzjährig
Highlights: Der Blick, die Atmosphäre, die Schiffe
Infos: www.hamburg.de/blankenese
Anfahrt: S1, S11 Blankenese, weiter mit Bus 48 („Bergziege") bis Blankenese, Fähre; die Elbfähre Cranz–Blankenese und die Schiffe der Niederelbe-Fahrten von den St. Pauli-Landungsbrücken bis Stadersand (www.hadag.de) machen direkt am Ponton fest.

Superplatz zum Schiffegucken: Op'n Bulln mit dem Kreuzfahrtschiff „Crystal Serenity"

einander. Die ganze Szenerie atmet ein wenig Urlaubsstimmung, und wenn die Sonne lacht, erinnert Blankenese mit seinen weißen Stränden an Italien oder an die Dörfer auf den griechischen Inseln mit ihren weiß getünchten und ineinander verschachtelten Häusern.

Und wenn Sie sich dann von dem atemberaubenden Anblick erholen möchten oder die Zeit bis zur nächsten Abfahrt der Fähre elbaufwärts Richtung Landungsbrücken oder ins Alte Land hinüber nach Cranz überbrücken wollen: Gelegenheiten dazu gibt es in Fülle – zwei gastronomische Betriebe auf dem Ponton und ganz viele entlang des Strandwegs.

4864 Stufen
Das Blankeneser Treppenviertel

Das Malerische an Blankenese ist seine Geesthanglage direkt an der Elbe, die sich dort zu einem mehrere Kilometer breiten Strom weitet. Dem Charme des Ortes können sich weder Hamburger noch Gäste der Stadt entziehen. „Nach oben" führen nur zwei Straßen, dafür aber zahlreiche Fußwege und Treppen mit gezählten 4864 Stufen. All das, was die Faszination von Blankenese ausmacht, wird in diesem Panorama eingefangen: der Strom mit seinen Schiffen, der hoch über dem Wasser sich erhebende Süllberg **(86)** mit den davor liegenden Terrassen und das verwinkelte Treppenviertel mit seinen Stiegen und Wegen. Erstmals wurde das Fischerdorf Blankenese 1301 urkundlich erwähnt. Rund um das hoch über der Elbe liegende Fährhaus –

Im Treppenviertel: Süllbergstreppe, Ecke Elbterrasse

heute die Gaststätte „Sagebiels Fährhaus" – entstand das sich an den Hang schmiegende Treppenviertel mit seinen vielfach noch heute reetgedeckten Häusern. Hier wohnten Fischer, Lotsen und Seeleute. Wegen seiner exponierten Lage, seiner Mischung aus Fischersiedlung und Villenvorort mit Parkanlagen wird Blankenese auch als das „Positano des Nordens" bezeichnet.

Start und Ziel des Spaziergangs: S-Bahnhof Blankenese
Dauer: 2–3 Stunden, mit Rast 3–4 Stunden
Höhenunterschied: Gut 250 Meter
Wo: 22587 Hamburg-Blankenese
Wann: Jederzeit
Infos: „Hamburg. Spaziergänge" von Anna Brenken und Egbert Kossak, Ellert & Richter Verlag, Kapitel VIII
Anfahrt: S1, S11 Blankenese, Bus 48 („Bergziege")

Spaziergang

Wir starten unsere Tour durch das Treppenviertel am S-Bahnhof Blankenese. Nachdem Sie die ersten Stufen bereits im Bahnhof genommen haben, wenden Sie sich nach rechts, gehen an den Geschäften des neu gestalteten Bahnhofsvorplatzes vorbei bis zur Ampel, die Sie nach links überqueren. Bald sehen Sie den Kirchturm der Blankeneser Kirche, an der Sie vorbei in den Mühlenberger Weg steuern. Nach Passieren der Elbchaussee wird bereits nach wenigen Metern der Katharinenhof sichtbar. Wuchtig thront das ehemalige Landhaus Baur, das der Altonaer Kaufmann Georg Friedrich Baur 1829–1836 im klassizistischen Stil errichten ließ, am oberen Rand des zur Elbe abfallenden gleichnamigen Parks. Weiter geht es parallel zur Straße bis zu einem schmalen Seitenweg, Abhang genannt. Dort fällt ein kleines Haus ins Auge, das dem genialen Zeichner und Wortkünstler Horst Janssen gehörte. Hier lebte und arbeitete er viele Jahre. Wir bleiben auf dem Mühlenberger Weg, der sich jetzt in vielen Windungen steil zur Elbe hinunter orientiert. Kurz vor Erreichen des Flusses biegen wir wieder rechts

ab, und über einige Treppen und Wege geht es hinauf zum Kanonenberg, auf dem der Handelsherr Baur Kanonen installierte, die mit Böllerschüssen seine die Elbe hinaufkommenden Schiffe begrüßten. Auf der Spitze des Berges steht heute ein Leuchtfeuer, das großen Schiffen den sicheren Weg in den Hamburger Hafen weist.

Etwas weiter unten beginnt die Straße Baurs Park, der wir nun weiter folgen und die in einer wunderschönen Lindenallee endet. Dann scharf links einige wenige Treppen hinunter in Baurs Weg mit phänomenaler Aussicht auf den Süllberg und die Elblandschaft. Der schmale Fußsteig mündet in eine lange steile Treppe, die Sie nun hinuntersteigen, begleitet von faszinierenden Durchblicken auf das „Positano des Nordens". Unten angekommen, sehen Sie zur Linken den Blankeneser Jachthafen mit seinen vielen Jollen, Tucker- und Segelbooten; wir halten uns aber rechts, gehen zwischen Gärten und Häusern hindurch bis zu einem weißen Gebäude, dem im Jugendstil errichteten Strandhotel an der Strandtreppe. Danach sollte Ihre ganze Aufmerksamkeit aber ausnahmsweise mal nicht Richtung Elbe gehen, sondern einem Garten- und Hausensemble gehören, das keine hundert Meter weiter entfernt am Strandweg liegt. Ein Architekten- und ein Buchhändlerehepaar sorgen hier jahraus, jahrein für Gartenkultur vom Feinsten.

Den Strandweg schlendern Sie nun weiter mit vielen Möglichkeiten, sich zu erfrischen. Eine Rast der besonderen Art ist die Einkehr in „Sagebiels Fährhaus", das über einige Stufen zu erreichen ist und von dessen Sitzplätzen im Garten man bei Kaffee und Kuchen einen sagenhaften Blick auf die Elbe hat.

Danach geht es wieder treppab auf einen in der Elbe gelegenen Ponton, den hier alle „Op'n Bulln" **(84)** nennen und an dem die Fahrgastschiffe der HADAG und die Fährschiffe hinüber nach Cranz ins Alte Land anlegen. Nachdem Sie diesen wirklich besonderen Platz ausgiebig genossen und die Elbe rauf und runter geschaut haben, geht es auf dem Strandweg links weiter bis zur Bushaltestelle Blankenese, Fähre (hier besteht die Möglichkeit, in den Bus zu steigen und wieder zur S-Bahn zurückzufahren). Direkt dahinter folgen Sie

4864 Stufen: das Treppenviertel in Blankenese – hier die Süllbergstreppe

dem auf einem hölzernen Pfahl angebrachten Wegweiser „Fischerhaus", bis Sie dieses erreichen. Belohnt werden Sie mit dem Anblick eines original erhaltenen Blankeneser Tweehauses von 1800, das auch besichtigt werden kann.

Danach geht es wieder zurück zur Süllbergstreppe und diese steil hinauf zur Süllbergsterrasse mit Erholungsmöglichkeiten in „Schuldts Kaffeegarten", seit über 130 Jahren in Familienbesitz, mit fantastischer Aussicht und moderaten Preisen. Nach dieser besonderen Erholungspause wandern Sie links den Süllbergsweg entlang bis zu

Der Westen

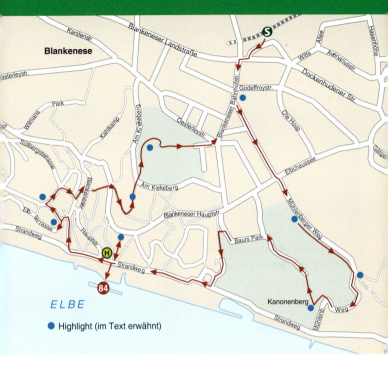

● Highlight (im Text erwähnt)

Bornholdts Treppe. Nun rechts in Schulten Immenbarg und gleich wieder links in die Hans-Lange-Straße (Achtung, kein Straßenschild!). Nach etwa 80 Metern sind Sie auf der Blankeneser Hauptstraße, dort nach rechts und gleich wieder nach links in Schlagemihls Treppe, die Sie hinaufgehen und an deren Ende Sie wieder die Blankeneser Hauptstraße überqueren, in Op'n Kamp einbiegen, um dann links den Steilen Weg hinaufzusteigen. Es lohnt sich! An kleinen, teils reetgedeckten Häusern vorbei gelangen Sie in den Hessepark, der 1799 angelegt wurde und über einen schönen Baumbestand verfügt. Hier können Sie noch einmal Rast machen, bevor Sie den Park verlassen und über die Blankeneser Bahnhofstraße am Blankeneser Markt vorbei zurück zur S-Bahn gehen.

Panoramablick auf die Elbe
Der Süllberg in Blankenese

Diesen 75 Meter hohen Berg im Hamburger Stadtteil Blankenese können Sie auf ganz unterschiedliche Weise erobern: Am einfachsten ist es, sich vom Bus, der hier „Bergziege" genannt wird, in seiner Nähe absetzen zu lassen oder mit dem Auto in die allerdings nicht ganz billige Tiefgarage unterhalb des Gastronomiebetriebs einzufahren, der in die neu gestalteten Räume des um 1900 errichteten Ausflugslokals auf dem Süllberg einlädt. Am schönsten – und gleichzeitig ein Konditionstraining – ist der direkte Aufstieg: vom Strandweg über unzählige Treppenstufen den schmalen Weg „Rutsch" hinaufklettern, dann links der fast eben verlaufenden Süllbergsterrasse folgen, um genug Atem für die letzten Treppen zu tanken. Belohnt werden Sie mit einem atemberaubenden Panorama-

blick über den Elbestrom auf die Einfahrt zum Hafen, das Gelände der Airbusflugzeugfertigung in Finkenwerder, das Alte Land und weit den Fluss hinunter bis beinahe Stade.

Wer noch weiter hinaufwill – auf den Aussichtsturm –, sollte an der Rezeption des Süllberg-Hotels fragen. Von ganz oben kann man nachvollziehen, was der 1995 verstorbene Zeichner Horst Janssen empfand, als er nach Blankenese zog: „Bedenke, Du wohnst an einem großen Strom." Er verließ diesen Ort nie mehr.

Sternekoch Karlheinz Hauser präsentiert in den traditionsreichen Räumen nicht nur Spitzengastronomie. Außer im vielfach ausgezeichneten Gourmetrestaurant „Seven Seas" kann man hier auch im Bistro vorzüglich essen oder es sich im Biergarten gut gehen lassen. Elbblick frei Haus.

Wo: Süllbergsterrasse 12, 22587 Hamburg-Blankenese
Wann: Ganzjährig geöffnet
Highlights: Der fantastische Blick, der Biergarten, die gehobene Gastronomie, die Besteigung des Aussichtsturms
Infos: Tel. 0 40/86 62 52-0, www.suellberg-hamburg.de
Anfahrt: S1, S11 Blankenese, von dort Bus 48 („Bergziege") bis Waseberg

So sehen ein- und auslaufende Schiffspassagiere, Segler oder Benutzer der Elbfähren den Süllberg. Ganz oben auf dem Turm ist es am schönsten. Der Blick von dort auf Blankenese und die Elblandschaft ist einfach grandios.

Ein verwunschener Ort mit Ausblick
Bismarckstein

Vom Bismarckstein in Hamburg-Blankenese hat man einen fantastischen Blick auf die Elbe. Aus 87 Metern Höhe liegt dem Besucher dieses Waldparks der 2,8 Kilometer breite Strom zu Füßen – und man ist meistens allein. Das ist ein Erlebnis der ganz besonderen Art.

Hier bestimmt die weite Wasserfläche der Elbe mit ihren Inseln und Sandbänken das Lebensgefühl.

Selbst Einheimische, die zum ersten Mal hier oben sind, sollen sich zu dem Ausruf haben hinreißen lassen: „So einen Blick über die Elbe habe ich noch nie, nie, nie genossen."

Der in Hamburg geborene Schriftsteller Hans Leip, dem wir den Text des berühmten Liedes „Lili Marleen" verdanken, hat auch eine Hymne auf den Bismarckstein, sein „Fernweh-Kap", gedichtet. Sie beginnt so:

Und als ich nach Blankenese kam –
ein Reff in die Segel – und dann ...!
Da schlenderte ich auf den Bismarckstein,
in den Park der Pärchen, und war allein.

Seinen Namen erhielt der Bismarckstein von dem Besitzer des Geländes, der hier 1890 zu Ehren des berühmten deutschen Reichskanzlers ein 51 Meter hohes Denkmal (eines von insgesamt rund 240 derartigen Monumenten in Deutschland) errichten lassen wollte. Wie es aussehen sollte, lässt sich nicht mehr ermitteln.

Später kaufte die Gemeinde Blankenese für 175 000 Mark das Gelände und gab es als Gemeindepark zur Benutzung frei.

Wo: Bismarckstein, 22587 Hamburg-Blankenese
Wann: Jederzeit
Infos: www.hamburg.de/denkmaeler-und-skulpturen/bismarckstein.html
Anfahrt: S1, S11 Blankenese, von dort Bus 48 („Bergziege") bis Waseberg

Spaziergang

Aber wie kommt man dorthin? Unweit jener Stelle, an der alljährlich bei den „Cyclassics" selbst Radprofis ins Schwitzen kommen – an der Straße Waseberg mit 16 Prozent Steigung –, liegt der gleichnamige Haltepunkt der Linie 48 („Bergziege"). An der Gabelung Waseberg/Richard-Dehmel-Straße, an der auch der einzige Hinweis auf den Bismarckstein zu finden ist, steigen Sie die ersten Treppen hinauf, folgen dem Weg mit schönen Ausblicken auf den Süllberg **(86)** bis zum Kinderspielplatz. Danach sind noch etliche Treppenstufen zu überwinden, bis Sie auf ein Plateau gelangen, auf dem ein Aussichtsturm steht, der allerdings nicht mehr erklommen werden kann. Dahinter öffnen sich Weitblicke auf die Elbe, die ihresgleichen suchen. Fotoapparat nicht vergessen! Denn ein Schnappschuss von den großen Pötten, die auf der Elbe vorbeiziehen, ziert jedes Fotoalbum.

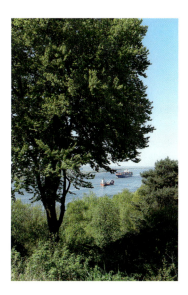

Der Blick vom Bismarckstein auf die Unterelbe

Campagna am Elbhang
Der Römische Garten in Blankenese

Er ist nicht einfach zu finden, aber die Suche lohnt sich. Denn auch vielen Hamburgern ist dieser Ende des 19. Jahrhunderts angelegte kleine Park völlig unbekannt. Der Kaufmann Julius Anton Richter, dem damals das Gelände gehörte, brachte die Ideen für den Garten aus Rom mit, wo er eine Etage in der Via Sistina bewohnte. Durch seinen Bruder Emil lernte er die Anlage des Fürsten Barberini in Castel Gandolfo, dem Sommersitz des Papstes, mit ihrer zypressen- und heckengesäumten Aussichtsterrasse kennen.

Das faszinierte den erfolgreichen Hamburger Kaufmann und Gründer der Holsten-Brauerei so, dass er seinen in unmittelbarer Elbnähe gelegenen Hamburger Garten nun mit einer Thujahecke begrenzte, die wie eine Girlande

Thujahecke im Römischen Garten

gestutzt wurde. Das machte er so geschickt, dass man auch heute noch das Gefühl hat, die Elbe wie von einem Balkon aus vor sich liegen zu haben. Ziel dieser Art von Hecken ist ein Wechselspiel zwischen Schauen und Verbergen, das den Betrachter immer wieder mit Durchblicken überrascht.

In den 1920er-Jahren diente der Garten der Warburg-Familie, die ihn inzwischen erworben hatte, als Freiluft-Kulisse für sommer-

Wo: Falkensteiner Ufer 26, 22587 Hamburg-Blankenese
Wann: Ganzjährig
Highlights: Theater, Thujahecke, Rundbank hinter dem Seerosenbecken
Infos: „Campagna am Elbhang" von Oliver Breitfeld, Ellert & Richter Verlag
Anfahrt: S1, S11 Blankenese, von dort Bus 48 („Bergziege") bis Falkentaler Weg

liche Feste und private Theateraufführungen. Das 1924 angelegte „Heckentheater" wurde durch eine geschwungene Treppe mit dem höher gelegenen toskanischen Rosengarten verbunden. Gestaltet waren inzwischen auch weitere Terrassen und ein Seerosenbecken.
In und nach dem Zweiten Weltkrieg verfiel die Anlage. Seit 1951 befindet sich der Park durch die Schenkung der Familie Warburg im Besitz der Freien und Hansestadt Hamburg. Erst 1994 wurde er restauriert und für die Öffentlichkeit zugänglich gemacht.
Heute präsentiert sich dieses Kleinod in einem historisch reduzierten, aber gepflegten Zustand. Vom Elbwanderweg am Falkensteiner Ufer entlang mit Blick auf Reste eines Schiffswracks ist es schnell zu erreichen. Eine Beschilderung weist den Aufstieg vom Elbwanderweg über mehrere Treppen zum Römischen Garten. Schauen Sie sich das Freiluft-Amphitheater an, flanieren Sie an der imposanten Thujahecke vorbei, um sich dann auf der im Hintergrund des Gartens

Das Amphitheater, in dem heute noch in den Sommermonaten Aufführungen stattfinden

sichtbaren erhöhten Bank niederzulassen. Sie werden sich wie Gott in Italien fühlen, den Garten zu Füßen und die Elbe im Blick.

Kleine Welten ganz groß
PuppenMuseum Falkenstein

In wunderschöner Lage, hoch über der Elbe, liegt die weiße Villa, die der berühmte Architekt Karl Schneider 1923 im Stil der Neuen Sachlichkeit baute. Allein der Besuch dieses Bauwerks von internationaler Bedeutung ist schon die Reise ans Falkensteiner Hochufer wert. Elke Dröscher, die mit viel Liebe und Aufwand diese Kostbarkeit renovieren ließ, eröffnete 1986 darin ein Puppenmuseum, in dem ihre in über vier Jahrzehnten aufgebaute Sammlung gezeigt wird. Sie umfasst mehr als 500 zumeist europäische Puppen und etwa 60 Puppenstuben, -häuser, -küchen und Krämerläden. Die Spielpuppen und ihre Miniaturwelt aus Spitzen, Samt und Seide sind aber nicht nur schön anzusehen, sie sind auch ein Spiegelbild vergangener Epo-

Sanft und „puppenhaft" wirkt das Gesicht dieser englischen Wachskopf-Puppe von 1865. Die beiden deutschen Porzellanpüppchen in ihren Armen stammen aus der Zeit um 1900.

chen. Tauchen Sie ein in drei Jahrhunderte Puppen, Mode und Möbel. En passant erfahren Sie, wie unsere Vorfahren gelebt haben und was damals zu einem gutbürgerlichen Haushalt gehörte. Jedes Detail der Ausstattung ist absolut originalgetreu dargestellt, denn Puppe und Stube dienten in vergangenen Zeiten der Belehrung.

Wo: PuppenMuseum Falkenstein Sammlung Elke Dröscher, Grotiusweg 79, 22587 Hamburg-Blankenese
Wann: Di bis So 11–17 Uhr
Infos: Tel. 0 40/81 05 82, www.elke-droescher.de
Eintritt: 5 €, Kinder 3 €, Gruppen ab 10 Personen zahlen 1 € weniger pro Person auf den regulären Eintrittspreis
Anfahrt: S1, S11 Blankenese, von dort Busse 189 bis Tinsdaler Kirchenweg, 286 bis Falkenstein

Der Westen

Alle typischen Verzierungen des Neoklassizismus wie Lorbeerkränze, Bänder und Girlanden finden bei dieser handwerklich besonders sorgfältig gearbeiteten Möbelgruppe ihre verkleinerte Entsprechung. Die Puppe aus dem 19. Jahrhundert ist aus Biskuitporzellan und hat eingelegte Glasaugen.

Haus und Museum liegen im Sven-Simon-Park, der nach dem Sohn des ehemaligen Besitzers des Geländes, Medienmogul Axel Springer, benannt ist. In der weiträumigen Parkanlage öffnen sich viele traumhafte Durchblicke auf die Elbe und ihre Inseln Neß- und Hahnöfersand.

Der Osten: Von Wandsbek bis Zollenspieker

90 Das Schimmelmann-Mausoleum
91 Lorichs' Elbkarte
92 Die Bille
93 Die Boberger Dünen
94 Das Bergedorfer Schloss
95 Die größte deutsche Sternwarte
96 KZ-Gedenkstätte Neuengamme
97 St. Johannis in Curslack
98 Das Rieck Haus in den Vierlanden
99 Hof Eggers in der Ohe
100 Die Riepenburger Mühle
101 Der Zollenspieker

Dänemark in Wandsbek
Das Schimmelmann-Mausoleum

Inmitten der nüchternen Nachkriegsarchitektur Wandsbeks, das bis zur Eingemeindung in die Hansestadt Hamburg 1937/38 eine eigenständige Stadt war und 1943 durch Bombenangriffe großflächig zerstört wurde, sind Spuren der Vergangenheit nicht ganz leicht auszumachen. Doch gleich im Zentrum, hinter dem modernen Bau der Christuskirche an der Ostseite des Wandsbeker Markts, verbirgt sich das bedeutendste Baudenkmal des Stadtteils. Es ist das Mausoleum für Heinrich Carl Graf von Schimmelmann (1724–1782) auf dem Historischen Friedhof der Christuskirche. Errichtet 1792 nach Entwürfen des italienischen Architekten Giovanni Antonio Antolini und des Erbauers des Schimmelmann'schen Wandsbeker Schlosses, Carl Gottlob Horn, ge-

hört es zu den Hauptwerken des Klassizismus in Norddeutschland.

Aus dem schmucklosen, weiß verputzten Kubus tritt ein zylindrischer Baukörper mit flachem Kupfer-Kuppeldach heraus. Das ist außen schon fast alles – ein Musterbeispiel für das klassizistische Bemühen um die Reduktion auf klare, geometrische Grundformen als Gegenmodell zur „ausschweifenden" Kunst des Barocks. Im Innern stützen vier dorische Ecksäulen die Kuppel, die ebenso wie die Apsiskalotten mit eleganten Stuckdekorationen geschmückt ist. In den seitlichen Anbauten stehen die Särge von Heinrich Carl Graf von Schimmelmann und seiner Frau Caroline Tugendreich. Möglicherweise hatte der Graf bei der Planung seines Mauso-

Wo: Friedhof der Christuskirche, Schloßstraße, 22041 Hamburg-Wandsbek

Wann: Von außen jederzeit, Besichtigung innen Mai bis Oktober am 3. Sonntag im Monat 11–13 Uhr und auf Anfrage beim Heimatmuseum Wandsbek

Infos: Heimatmuseum Wandsbek, Böhmestraße 20, 22041 Hamburg-Wandsbek, Tel. 0 40/68 47 86 (Di 16–18 Uhr)

Anfahrt: S1, S11 Wandsbeker Chaussee, U1 Wandsbek Markt

Bedeutendes klassizistisches Baudenkmal in Wandsbek: das 1792 errichtete Mausoleum für Heinrich Carl Graf von Schimmelmann

leums ein königliches Beispiel vor Augen: die vom Architekten Caspar Frederik Harsdorff 1768–1777 errichtete Grabkapelle des dänischen Königs Frederik V. im Dom von Roskilde. Jedenfalls ähneln sich beide Grabstätten auffällig (H. Hipp). Das mag die Geltung zeigen, die Schimmelmann für sich beanspruchte.

Der 1762 geadelte Heinrich Carl Graf von Schimmelmann war Wandsbeker Gutsbesitzer, reicher Handelsherr, königlich dänischer Schatzmeister, Plantagenbesitzer in der Karibik und Sklavenhändler im sogenannten Atlantischen Dreieckshandel. In Wandsbek machte er sich als Wohltäter einen Namen und förderte den Dichter Matthias Claudius („Der Mond ist aufgegangen"), dessen Grabmal man ebenfalls auf dem Historischen Friedhof der Christuskirche findet. Wegen Schimmelmanns Kolonialvergangenheit tut sich Wandsbek heute mit der Erinnerung an ihn schwer. Das hochinteressante Mausoleum steht unter Denkmalschutz und kann einmal im Monat (oder auf Anfrage) auch innen besichtigt werden.

Ein Beweisstück
Lorichs' Elbkarte

Sie ist entstanden, weil es Streit gab. In einem Prozess, den der Hamburger Rat um die Hoheitsrechte auf der Elbe führte, diente sie als Beweisstück. Denn wenn es um „ihre" Elbe geht, kennen die Hamburger kein Pardon. Die zwölf (!) Meter lange Karte wurde 1568 bei dem Maler Melchior Lorichs in Auftrag gegeben. Auf ihr ist der Fluss vom Amt Bergedorf bis zur Insel Neuwerk abgebildet. Wichtig waren die Fahrwassermarkierungen, mit denen vor dem Reichskammergericht bewiesen werden sollte, dass die Stadt ihre Verantwortung für die Elbe wahrnahm. Hamburg gewann den Prozess. Das Original wird unter klimatisch günstigen Bedingungen im Staatsarchiv aufbewahrt und kann nach Anmeldung besichtigt werden. Im Handel können Sie eine verkleinerte Version erwerben. Eine Fundgrube für alle, die sich für die Geschichte der Hansestadt interessieren.

Das im Jahr 1710 gegründete Hamburger Staatsarchiv residiert

Wo: Staatsarchiv der Hansestadt Hamburg, Kattunbleiche 19, 22041 Hamburg-Wandsbek
Wann: Mo bis Mi 10–18 Uhr, Do bis Fr 10–16 Uhr
Infos: Tel. 0 40/4 28 31-32 00, www.hamburg.de/staatsarchiv
Anfahrt: U1 Wandsbek Markt

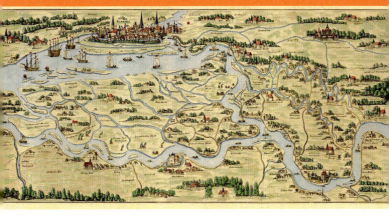

Erst wenn Sie davorstehen, werden Sie die Dimensionen dieser Karte ganz erfassen: Über zwölf Meter ist sie lang, die Elbkarte des Flensburger Malers Melchior Lorichs. Der obige Ausschnitt zeigt den Abschnitt von Zollenspieker bis Wedel.

heute in Wandsbek in einem Neubau, der besonders durch die eisblaue Glasfassade des fensterlosen Magazins beeindruckt. Mit seinen über 30 000 Metern an Unterlagen der hamburgischen Verwaltung sowie bedeutender privater Einrichtungen und Persönlichkeiten der Stadt hält das Staatsarchiv für jedermann die erforderlichen Informationen zur Freien und Hansestadt bereit.

Auch wer sich für die Geschichte seiner Vorfahren interessiert, kann hier fündig werden. Das Archiv verfügt über eine große Zahl genealogischer Quellen, anhand derer Sie Ihren Ahnen auf die Spur kommen können, die einst im heutigen Stadtgebiet von Hamburg gelebt haben. Zum Beispiel alte Personenstands-, Adress- und Fernsprechbücher, Melde- und Zivilstandsregister, Kirchenbücher, Geburts-, Heirats- und Sterberegister der ehemaligen jüdischen Gemeinden, Auswandererlisten und vieles mehr. Das Staatsarchiv stellt Ihnen die Unterlagen im Lesesaal bereit. Sie können Sie selbst dort einsehen oder einen Recherchedienst damit beauftragen.

Paradies für Naturliebhaber
Die Bille

Angesichts der viel gerühmten Schönheiten der Alster gerät die Bille ein bisschen ins Hintertreffen. Dabei ist sie in dem bekannten Missingsch-Schlager selbstverständlich mit dabei: „An de Elbe, an de Alster, an de Bill, dor kann jeder eener moken, wat he will" (schön wär's!). Von den 65 Kilometern der bei Trittau entspringenden Bille verlaufen 23 Kilometer durch Hamburger Gebiet, bis sie bei der Brandshofer Schleuse in Hammerbrook in die Norderelbe mündet. Sie gibt den Stadtteilen Billwerder, Billbrook und Billstedt ihren Namen. Folgt man dem Flusslauf von der Mündung bis nach Bergedorf (oder umgekehrt), gerät man immer mehr ins Staunen. Die Bille ist ein echter Geheimtipp!
Ihr Unterlauf war zusammen mit dem Mündungsbereich der Alster die Urzelle des Hamburger Hafens. Ab Ende des 19. Jahrhunderts nahm die Nutzung des Wasserlaufs durch Industrie und Gewerbe stark zu. So ist die Billemündung im Hamburger Oberhafen heute auch nicht wirklich idyllisch, aber mit Schleuse und Hafenanlagen beeindruckend. Schon bald erreicht man einen der schönsten Plätze am Billeufer: die kleine Bucht an der Grünen Brücke im ehemaligen Arbeiterstadtteil Hamm-Süd, umgeben von stillgelegten, also inzwischen nostalgischen Industriebauten und modernem „Wohnen am Wasser". Unter Brauner, Blauer, Gelber und Roter Brücke hindurch – die farbige Brückenkennzeichnung sollte der Legende nach deutsch- oder leseunkundigen Hafenarbeitern die Orientierung erleichtern – geht es flussaufwärts vorbei an den Kleingärten und Bootsanlegern

Wo: Hamburg-Rothenburgsort über Billwerder bis Bergedorf
Wann: Jederzeit
Infos: Bergedorfer Schifffahrtslinie Buhr GmbH, Serrahnstraße 1, 21029 Hamburg-Bergedorf, Tel. 0 40/73 67 56 90, www.barkassenfahrt.de; ATG Alster-Touristik GmbH, Anleger Jungfernstieg, 20354 Hamburg-Neustadt, Tel. 0 40/35 74 24-0, www.alstertouristik.de
Anfahrt: S21 diverse Stationen von Hammerbrook bis Bergedorf

An der Mittleren Bille – gemächlich schlängelt sich der Fluss durch Felder und Wiesen.

Mit Fahrrad, Wanderschuhen oder Kanu folgt man jedoch weiter dem natürlichen Billelauf über Billbrook und Kirchsteinbek bis zur A1, wo ein Wehr das Ende des Unterlaufs und den Beginn der Mittleren Bille markiert. Der Fluss schlängelt sich gemächlich durch die Felder und Wiesen der Billwerder Marsch und entlang den Boberger Dünen **(93)**. Hinter Lohbrügge leitet seit 1443 der Schleusengraben den Großteil des Bille-Oberlaufs in die Dove-Elbe, in Bergedorf speist das schon seit 1208 aufgestaute Billewasser den Schlossgraben **(94)**.

Tipp: Von der Loddenallee in Reinbek bis zur Billwerder Kirche lädt der circa 13 Kilometer lange Bille-Wanderweg zum Wandern und Radfahren ein. Unter anderem von Bergedorf, Lohbrügge, Boberg und Billwerder aus gelangt man zu dem landschaftlich reizvollen Wegesystem.

der Billerhuder Insel. In Tiefstack zweigt ein Kanal in die Billwerder Bucht ab und führt von dort wieder in die Norderelbe. Diesen Weg müssen auch die Schiffe der Alster-Touristik GmbH Hamburg und der Bergedorfer Schifffahrtslinie Buhr nehmen, die „Vierlandefahrten" vom Jungfernstieg beziehungsweise „Bille-Fahrten" vom S-Bahnhof Hammerbrook über die Dove-Elbe bis nach Bergedorf anbieten.

Strandurlaub ums Eck'
Die Boberger Dünen

Wenn im Frühjahr die Sonne lockt und die Sehnsucht nach Barfußlaufen im Sand erwacht, aber noch eine steife Brise über dem Meer und an der Elbe weht, sind die Boberger Dünen im Südosten Hamburgs eine gute Wahl. Hinter Eichen, Birken und Kiefern versteckt liegen sie nur knapp 15 Kilometer entfernt vom Hamburger Hauptbahnhof mitten in der Boberger Niederung. Der ideale Ort, um windgeschützt die ersten wärmeren Stunden des Jahres zu genießen.

Die Boberger Wanderdünen sind Teil der jahrtausendealten Taldünenkette, die sich bis Geesthacht erstreckt. Während der Saale-Eiszeit vor 130 000 Jahren brachten Gletscher Geröll und Sand aus Skandinavien bis in die Region des Elbe-Urstromtals. Nach dem langsamen Abschmelzen der Eismassen trugen Winde den feinen Sand bis zum Geesthang der Elbe, wo er im Lauf der Zeit bis zu 30 Meter hohe Dünen bildete.

1840 begann man mit dem großflächigen Sandabbau, der unter anderem für die Aufschüttung der Bahntrasse zwischen Hamburg und Bergedorf genutzt wurde – übrigens die erste Eisenbahnstrecke in Norddeutschland. In den 1950er-Jahren wurden die Dünen weiter abgetragen, um eine ebene Start- und Landebahn für den Segelflugplatz zu schaffen. Übrig geblieben sind die immer noch 135 Hektar großen Boberger Dünen. Und wer sich im Sommer abkühlen möchte, erreicht in nur wenigen Gehminuten Richtung Nordwesten einen kleinen Badesee, der entstand, als man hier 1959/60 Kies für die Ostumfahrung Hamburgs ausbaggerte.

Wo: Als Ausgangspunkt Naturschutz-Informationshaus Boberger Niederung, Boberger Furt 50, 21033 Hamburg-Lohbrügge
Wann: Ganzjährig
Highlight: Eldorado für Sandpiraten und Sonnenanbeter
Anfahrt: U2 Mümmelmannsberg, von dort Bus 12 bis Am Langberg, dann zu Fuß über Schulredder und Boberger Furt (circa 30 Minuten vom Hamburger Hauptbahnhof entfernt)

Die Boberger Dünen sind Teile der jahrtausendealten Taldünenkette, die sich bis Geesthacht erstreckt.

Doch auch wenn das seit 1991 unter Naturschutz stehende, 350 Hektar große Gelände der Boberger Niederung mit seinen vielfältigen Trockenbiotopen, Heide- und Moorflächen mittlerweile stark vom Menschen geprägt ist, haben hier zahlreiche seltene Vögel, Insekten und Pflanzen eine Zuflucht gefunden. Ein Naturschutz-Informationshaus, das von der Loki-Schmidt-Stiftung betreut wird, bietet regelmäßige Führungen und Aktionen für Kinder und Jugendliche an, um ihnen die schützenswerte Flora und Fauna nahezubringen. Nur wenige Kilometer von Hamburgs Zentrum entfernt ist es gelungen, ein Naherholungsgebiet zu schaffen, in dem sich Mensch und Tier wohlfühlen. Legen Sie sich in den warmen Sand, lauschen Sie dem Vogelgezwitscher und genießen Sie den Blick hinauf in den strahlend blauen Himmel.

Einmal Burgherr sein
Das Bergedorfer Schloss

Das einzige erhaltene Schloss der Hansestadt liegt im Südosten Hamburgs, an der schleswig-holsteinischen Landesgrenze. Von einem Wassergraben umgeben, der von der Bille **(92)** gespeist wird, fügt es sich malerisch in den historischen Stadtkern Bergedorfs ein. Bereits um 1220 errichtete Albrecht von Orlamünde an dieser Stelle eine Wasserburg, von der noch Reste unter dem heutigen Ostflügel erhalten sind. Nachdem Bergedorf 1275 die Stadtrechte erhalten hatte, eroberten um 1420 Lübeck und Hamburg Stadt und Burganlage und herrschten beinahe 450 Jahre gemeinsam über das neu geschaffene Amt Bergedorf. Sitz der Verwaltung war selbstverständlich das Schloss. Die Doppelherrschaft endete erst 1867, als Hamburg Lübeck seinen Anteil für 200 000 Taler abkaufte. Die geschlossene Vierflügelanlage wurde zum großen Teil im 17. Jahrhundert errichtet. Die Stufengiebel im Stil der norddeutschen Backsteingotik auf der Schauseite zur Stadt sind durch einen Fachwerktrakt verbunden, der aus dem Jahr 1661 stammt. Der neugotische Turm, der Nordflügel und der Torbau wurden um 1900 von Franz Andreas Meyer, dem Planer und Gestalter der Speicherstadt, ergänzt. 1955 hat hier das Museum für Bergedorf und die Vierlande eröffnet, eine Außenstelle des hamburgmuseums – Museum für Hamburgische Geschichte **(17)**, mit sehenswerten Sammlungen zur Regionalgeschichte. Werfen Sie unbedingt einen Blick durch das Tor in den malerischen Innenhof, den man

Wo: Schloss Bergedorf (Museum für Bergedorf und die Vierlande), Bergedorfer Schlossstraße 4, 21029 Hamburg-Bergedorf
Wann: April bis Oktober Di bis Do 11–17 Uhr, Sa und So 11–18 Uhr; November bis März Di bis Do 12–16 Uhr, Sa und So 11–17 Uhr
Highlight: Einmal Burgfräulein und Edelmann sein
Infos: Tel. 0 40/4 28 91 28 94, www.bergedorfmuseum.de
Anfahrt: S21 Bergedorf, von dort 10 Minuten Fußweg durch die Stadt zum Schloss

Von einem Wassergraben umgeben: die Vierflügelanlage des Bergedorfer Schlosses

für Hochzeiten und andere Feiern mieten kann.
Der idyllische Park steht seit 1926 unter Denkmalschutz. Zahlreiche versteckte Bänke geben hier immer wieder neue Blickwinkel auf das Schloss und die vielen Wasserläufe frei. Und ins Zentrum von Bergedorf, das zum Schlendern und Bummeln einlädt, ist es nur ein Katzensprung. Dabei lohnt sich auch ein kleiner Abstecher in die bereits 1502 geweihte Fachwerkkirche St. Petri und Pauli.

Ich seh' den Sternenhimmel …
Die größte deutsche Sternwarte

Samstagmorgen, 10 Uhr. Eine wirklich „himmlische" Ruhe empfängt uns auf dem idyllischen Parkgelände der Hamburger Sternwarte. Der Spaziergang zwischen den alten Bäumen und den über das gesamte Gelände verteilten neobarocken Kuppelbauten lässt fast vergessen, dass man sich noch in der Metropole Hamburg befindet.

1912 nahm hier auf dem Gojenberg in Bergedorf eine der fortschrittlichsten und größten Sternwarten Europas den Betrieb auf. Die alte Sternwarte am Millerntor war durch die zunehmende „Lichtverschmutzung" zum Umzug gezwungen gewesen (übrigens befindet sich heute das hamburgmuseum – Museum für Hamburgische Geschichte (17) an diesem Standort). Die instrumentelle Ausstattung der neuen Anlage war damals eine der modernsten weltweit, die Aufteilung der Instrumente auf einzelne Gebäude galt als besonders innovativ. Unter anderem erfand hier 1930 Bernhard Schmidt das Spiegelteleskop, mit dem später aufsehenerregende Entdeckungen im Weltall möglich wurden. Die Anlage inklusive der optischen Geräte ist nahezu komplett erhalten und bietet einen einzigartigen Einblick in die Astronomiegeschichte. Alle Geräte werden sogar immer noch für die astronomische und astrophysikalische Grundlagenforschung der Universität Hamburg verwendet!

Wo: August-Bebel-Straße 196, 21029 Hamburg-Bergedorf
Wann: Sa und So 10–18, Dauerausstellung ab 12, Café 10–18 Uhr
Highlight: Astronomische Instrumente aus der Zeit um 1912
Infos: Tel. 0 40/47 19 31 30, www.sternwarte-hh.de (Besucherzentrum); Tel. 0 40/4 28 38 85 12, www.hs.uni-hamburg.de (Universität Hamburg, Hamburger Sternwarte, Institut für Astronomie und Astrophysik)
Eintritt: Frei, Führungen 8,50 € (ermäßigt 6,50 €), Kinder bis 6 Jahre frei, diverse Familienkarten
Anfahrt: S21 Bergedorf, von dort Busse 12 bis Holtenklinke, 135 bis Justus-Brinckmann-Straße, 335 bis An der Sternwarte

Der Osten

Sternegucken auf hohem Niveau: die Hamburger Sternwarte auf dem Bergedorfer Gojenberg

Das gesamte Ensemble, die historischen Bauten sowie die wertvolle technische Ausstattung, steht seit 1996 unter Hamburger, seit 2008 unter nationalem Denkmalschutz. Im Jahr 2012 hat die Stadt Hambug die Bergedorfer Sternwarte für die UNESCO-Weltkulturerbeliste vorgeschlagen.

An den Wochenenden lädt das Anfang 2011 eröffnete Besucherzentrum mit der Dauerausstellung „Mensch + Himmel" dazu ein, diese spezielle Mischung aus Natur, Geschichte und Spitzenforschung zu erkunden. Liebevoll gestaltete Infotafeln bieten überall spannende Details für Groß und Klein, bei den circa 1,5-stündigen Führungen können Sie die faszinierenden Instrumentarien ganz aus der Nähe betrachten. Das Vibrieren unter den Füßen, wenn sich die Kuppeln öffnen, um den Teleskopen den Blick in die unendlichen Weiten freizugeben, muss man einfach einmal selbst spüren. Das neue Café „Raum & Zeit", ebenfalls im Besucherzentrum, serviert zur Stärkung ein ausgiebiges Frühstücksbuffet oder am Nachmittag Kaffee und hausgemachten Kuchen.

Auch das Veranstaltungsprogramm der Sternwarte lässt keine Wünsche offen, besonders für die kleinen Nachwuchsforscher gibt es immer wieder tolle Angebote.

Ob Naturliebhaber, Ruhesuchender, Himmelsstürmer, Technikfan oder auf der Suche nach einem neuen Ziel für einen Familienausflug: Auf dem Gelände der Hamburger Sternwarte in Bergedorf ist für jeden etwas dabei!

Gegen das Vergessen
KZ-Gedenkstätte Neuengamme

Hartnäckig hält sich in Hamburg die Legende, Adolf Hitler habe die liberale Freie und Hansestadt gemieden wie die Pest. Richtig ist, dass er sie häufiger besucht hat als jede andere deutsche Großstadt – außer Berlin und München. Hamburg war in die Machenschaften des NS-Regimes genauso verstrickt wie andere Orte. So wurde hier ab 1938 eines der größten Konzentrationslager auf deutschem Boden eingerichtet. Von den bis 1945 im KZ Neuengamme und seinen über 85 Außenlagern inhaftierten circa 100 000 Menschen verloren mindestens 42 900 ihr Leben.

Nach dem Krieg übernahm das britische Militär das Lager, dann richtete die Stadt Hamburg hier zwei Gefängnisse ein. Erst 1965 wurde ein Mahnmal errichtet, ab 1981 informierte die erste Ausstellung im jetzigen „Haus des Gedenkens" über die Geschichte des Lagers. Nach Aufgabe der Nutzung als Gefängnis steht seit 2005 der historische Ort des Häftlingslagers für Ausstellungen und als Begegnungs- und Studienzentrum zur Verfügung.

Drei Rundwege führen an erhaltenen Gebäuden und Anlagen vorbei. Zu sehen sind unter anderem Häftlingsunterkünfte, von der SS genutzte Gebäude und das ehemalige Klinkerwerk; Dauerausstellungen informieren über das Lager und die KZ-Zwangsarbeit in der Ziegel- und Rüstungsproduktion.

Weitere Hamburger Gedenkstätten sind der KZ-Gedenkstätte Neuengamme angegliedert: Gedenkstätte Bullenhuser Damm und Rosengarten für die Kinder vom Bullenhuser Damm, Gedenkstätte Konzentrationslager und Strafanstalten Fuhlsbüttel 1933 bis 1945, Gedenkstätte Plattenhaus Poppenbüttel.

Wo: Jean-Dolidier-Weg 75, 21039 Hamburg-Neuengamme
Wann: Mo bis Fr 9.30–16 Uhr, Sa, So und Feiertage 12–19 Uhr (Oktober bis März 12–17 Uhr)
Infos: Tel. 0 40/4 28 13 15 00, www.kz-gedenkstaette-neuengamme.de
Eintritt: Frei
Anfahrt: S21 Bergedorf, von dort Busse 227, 327 KZ-Gedenkstätte

Von uralten Orgelpfeifen und Hutständern
St. Johannis in Curslack

Früher war die erstmals 1306 erwähnte Kirche in Curslack wohl ein Feldsteinbau. Die heutige Fachwerksaalkirche stammt von 1599/1603 und ist die einzige ihrer Art in den Vierlanden. Eine Sturmflut hatte den Neubau notwendig gemacht. Der daneben stehende Holzturm geht wahrscheinlich auf das Jahr 1591 zurück, seine Turmspitze wurde 1719 von Ernst Georg Sonnin, dem Baumeister des Hamburger Michels **(15)**, entworfen. Besonders eindrucksvoll ist der Innenraum der Kirche mit einer figurenreichen Kanzel von 1599, einem Barockaltar von 1688 und den 55 schmiedeeisernen Hutständern aus dem 18. und 19. Jahrhundert in den ehemaligen Männerbankreihen.

Ein Kleinod ist die 1739 auf der Westempore eingebaute Orgel. 1963 ergab eine Untersuchung, dass sie noch alte Pfeifen aus

Hutständer in St. Johannis

der Vorgängerorgel von 1622 enthielt, die in einem außerordentlich guten Zustand waren. Während daraufhin das schadhaft gewordene Pfeifenwerk der großen Orgel komplett erneuert wurde, fügte der Hamburger Orgelbauer Beckerath die gut erhaltenen alten Pfeifen zu einer kleinen Chororgel zusammen. Dieses auf dem alten Orgelboden über der Beichtkammer aufgestellte Instrument hat noch seine alte, vor-Bach'sche Stimmung und ist damit eine der letzten mitteltonigen Orgeln.

Wo: Rieckweg 3, 21039 Hamburg-Curslack
Wann: In der Regel tagsüber geöffnet
Infos: Tel. 0 40/7 23 11 40 (Mo, Di, Fr 9–12 Uhr, Do 15–18 Uhr), www.st-johannis-curslack.de
Anfahrt: S21 Bergedorf, von dort Bus 225 bis Rieckweg

Auf die hohe Kante legen
Das Rieck Haus in den Vierlanden

Die Vierlande liegen im Südosten Hamburgs und bestehen aus den Stadtteilen Curslack, Kirchwerder, Neuengamme und Altengamme. Der Name geht auf das Jahr 1556 zurück und bezeichnet die vier gleichnamigen Kirchspiele. Geprägt wird die ehemals aus Inseln bestehende Region von der Elbe mit ihren Seitenarmen, der Dove- und der Gose-Elbe. Erste Eindeichungen dieses sehr wasserreichen und überflutungsgefährdeten Gebiets wurden ab dem 12. Jahrhundert vorgenommen. In dem gemeinsam mit den Marschlanden größten zusammenhängenden Blumen- und Obstanbaugebiet Europas gelangten die Bauern – auch wegen des fruchtbaren Marschenbodens – zu Wohlstand, der sich in der Haus- und Hofkultur widerspiegelt.

In Curslack können Sie einen der großen Vierländer Höfe besichtigen. Er wurde von der Familie Rieck noch bis zum Zweiten Weltkrieg bewirtschaftet und ist heute eine Außenstelle des Altonaer Museums. Die Geschichte des reetgedeckten Fachhallenhauses ist ab 1633 dokumentiert, beginnt aber schon ein Jahrhundert zuvor. Die Vorgänger der Riecks müssen sehr erfolgreich gewirtschaftet haben, was sich unter anderem in der reichen Verzierung der Hofgebäude ausdrückt. Das Haupthaus weist sehr viele Schmuckausfachungen mit zu Mustern gesetzten Ziegeln auf.

Nach Übernahme des Hofes durch das Altonaer Museum 1954 wurden auf das Gelände eine Bockwindmühle aus Ochsenwerder, mit der früher die Fel-

Wo: Curslacker Deich 284, 21039 Hamburg-Curslack
Wann: April bis Oktober Di bis So 10–17 Uhr, November bis März Di bis So 10–16 Uhr, Mitte Dezember bis Mitte Januar geschlossen
Highlight: Erdbeerfest mit Brotbacken, Trachten, Chören, Pflanzen aus den Vierlanden (Ende Juni)
Infos: Tel. 0 40/7 23 12 23, www.altonaermuseum.de/rieck_haus
Eintritt: 3 € (ermäßigt 2 €), Kinder und Jugendliche bis 17 Jahre frei
Anfahrt: S21 Bergedorf, von dort Bus 327 bis Rieck-Museum

Das Haupthaus des Freilichtmuseums Rieck Haus mit Bauerngarten und Bockwindmühle

der der Gegend entwässert wurden, ein Backhaus aus Neuengamme und ein Heubarg (eine offene Scheune) aus Allermöhe verlagert. Den Einblick in das bäuerliche Leben in den Vierlanden rundet ein 1962 eingerichteter Bauerngarten ab.

Auf der Hofseite des Rieck Hauses können Sie am Giebel eine interessante Entdeckung machen: Im Sturz der Seitentür ist die Inschrift „Carsten und Catrina Timm, geb. Eggers" eingearbeitet. Die Familie Timm gibt es noch heute in den Vierlanden. Sie stellte über die Jahrhunderte unter anderem sechs Landvögte. Und die Familie Rieck, der das Haus seinen Namen verdankt, ist seit mindestens zwölf Generationen hier nachweisbar.

Wenn Sie Glück haben, werden Sie sogar von einem Nachfahr der Riecks durch das Museum geführt. Dann können Sie ja einmal fragen, was der Spruch „Auf die hohe Kante legen" für einen Ursprung hat. So viel sei schon verraten, die Auflösung des Geheimnisses liegt in einer Truhe verborgen.

Ausgezeichnete Oase in der Großstadt
Hof Eggers in der Ohe

Hamburg hält viele Rekorde. Als brückenreichste Stadt Europas mit Deutschlands größter Turmuhr am Michel **(15)** gibt sich die Elbmetropole ganz und gar großstädtisch.

Aber in der Hansestadt steht ebenfalls einer der schönsten Bauernhöfe Norddeutschlands, die Zuschauer des NDR-Fernsehens haben ihn dazu gekürt: Hof Eggers in der Ohe.

Das Gehöft liegt in der „Gemüsekammer" Hamburgs, der Vierländer Marsch, im Stadtteil Kirchwerder. Schon seit 1628 ist es in Familienbesitz. Christine und Georg Eggers, deren Neffe Henning Beeken seit 2012 den Hof betreibt, haben die denkmalgeschützten Gebäude aus dem 17. und 19. Jahrhundert liebevoll und mit Bedacht renoviert. 1991 haben sie die Wirtschaftsweise auf ökologischen Landbau umgestellt, womit sie sich unter anderem der artgerechten Tierhaltung, der Abkehr von synthetischen Dünge- und Pflanzenschutzmitteln, dem Schutz der natürlichen Ressourcen und der Landschaft sowie der Bereicherung der Artenvielfalt verpflichtet haben.

Es wundert also nicht, dass Hof Eggers in der Ohe vielfach ausgezeichnet ist: als Preisträger des Bundeswettbewerbs „Landwirt-

Wo: Kirchwerder Mühlendamm 5, 21037 Hamburg-Kirchwerder
Wann: Hofladencafé an Wochenenden und Feiertagen 11 – 18 Uhr, Hofführungen nach Anmeldung, verschiedene Veranstaltungen rund ums Jahr
Highlights: Backtage, Hofladencafé
Infos: Tel. 0 40/7 23 03 37, www.hof-eggers.de
Anfahrt: S21 Bergedorf, von dort Bus 225 bis Kirchwerder Mühlendamm; mit dem Auto am besten über die A 25 Richtung Bergedorf zu erreichen, an der Abfahrt Curslack Richtung Curslack abfahren, über den Curslacker Heerweg und den Heinrich-Stubbe-Weg, nach circa 5,5 Kilometern links abbiegen auf den Kiebitzdeich und nach 700 Metern rechts auf den Neuengammer Heerweg, der direkt auf den Kirchwerder Mühlendamm zuführt.

Einer der schönsten Bauernhöfe Norddeutschlands: Hof Eggers in der Vierländer Marsch

schaft schafft Kulturlandschaft", mit dem Hanse-Umwelt-Preis des NABU für die Artenvielfalt und den Schutz der Landschaft, mit dem Förderpreis Naturschutzhöfe für das Zusammenspiel von ökologischem Landbau, Naturschutz, Denkmalschutz und Öffentlichkeitsarbeit und, und, und ...

Wichtiger jedoch als diese offiziellen Preise ist die Begeisterung der Gäste, die nach dem ersten Besuch immer wiederkommen (obwohl der Hof nicht ganz leicht zu finden ist). Auf dem Erlebnis- und Demonstrationshof ist in jedem Winkel etwas zu entdecken oder auszuprobieren. Für die Kleinsten sind wohl die Tiere im Auslauf am aufregendsten, zum Beispiel die vom Aussterben bedrohte Diepholzer Moorschnucke. Und der Öko-Rundwanderweg lässt selbst gestresste Großstädter abschalten und die Natur genießen. Die beliebten Backtage sind Aktionstage für die ganze Familie.

Ein kleines Highlight ist das Hofladencafé: Bei selbst gebackenem Kuchen, belegten Broten mit Wurst aus eigener Schlachtung und leckeren Fruchtsäften kann man sich von der ausgezeichneten Qualität der Hofprodukte überzeugen und natürlich das ein oder andere für den Kühlschrank zu Hause mitnehmen. Biofleisch aus eigener Schlachtung wird auch über den Online-Shop (www.hof-eggers.de) angeboten.

Noch nicht genug Landluft getankt? Dann mieten Sie das Backhaus für Ihre Familien- oder Betriebsfeier – oder machen Sie in der hübschen Ferienwohnung so richtig Urlaub auf dem Bauernhof!

Der Dreh mit dem Wind
Die Riepenburger Mühle

Es gibt es, das ideale Mühlenwetter! Dann weht der Wind mit Stärke 4 aus Nordwest. An solchen Tagen nimmt Axel Strunge die fünf Stiegen zum Kappboden wie im Flug, löst den Sicherheitsriegel, fettet die Flügelwelle, steigt wieder zur Galerie hinab, zieht an einer langen, die Bremse lösenden Kette und löst damit eine Kettenreaktion aus: Mit einer kleinen Verzögerung wirken nun die Kräfte der Natur und die der vier Tonnen schweren Mechanik. Draußen setzt sich ächzend und polternd das schwere Flügelwerk in Bewegung, und im Inneren der Mühle beginnt es zu rattern und zu quietschen. Die Fläche, in die nun der Wind pfeift, ist riesengroß.
Wir sind in Hamburgs ältester Mühle, deren erste Erwähnung auf das Jahr 1318 zurückgeht, die in ihrer heutigen Form aber „erst" 1828 als sogenannter Galerieholländer errichtet wurde. Bis der letzte Müller, ein Urenkel des Käufers, sich 1990 zur Ruhe setzte, war die seit 1939 unter Denkmalschutz stehende Mühle in Betrieb.
Dem Verein „Riepenburger Mühle e.V." ist es zu verdanken, dass die Mühle wieder windgängig und voll funktionstüchtig ist. Anschaulich erklären die Mühlenexperten, wie hart und interessant der Beruf des Müllers gewesen ist und wie Korn zu Schrot vermahlen wird – sofern ausreichend Wind zur Verfügung steht. Im historischen Mühlenladen und Café können Sie sich mit selbst gebackenem Kuchen stärken und ausgefallene Leckereien erwerben.

Immer am Wind: die Riepenburger Mühle

Wo: Kirchwerder Mühlendamm 75a, 21037 Hamburg-Kirchwerder
Wann: April bis Oktober Di und Do 12–16 Uhr, jeden 1. und 3. So im Monat 13–17 Uhr, oder nach Vereinbarung
Infos: Tel. 0 40/7 20 89 50, www.riepenburger-muehle.com
Eintritt: Frei, Spenden erbeten
Anfahrt: S21 Bergedorf, von dort Bus 225 bis Krummer Hagen, dann 2 Minuten Fußweg

219 Der Osten

Bis ans Ende der Welt und weiter
Der Zollenspieker

Der südlichste Punkt Hamburgs liegt in den Vierlanden, mitten im Blumen- und Gemüsegarten der Hansestadt. Ob mit dem Fahrrad, auf Inline-Skates, mit dem Auto oder Motorrad, alle treffen sich bei schönem Wetter im Biergarten oder im ausgezeichneten Restaurant des Zollenspieker Fährhauses, picknicken auf dem Deich und genießen die Aussicht auf die Elbe.

An dieser Zollstation kamen schon um 1252 Händler mit ihren Waren auf dem Weg von Lüneburg nach Lübeck vorbei, denn hier gab es die erste Elbfährstelle. Eine Überfahrt von Hoopte in Niedersachsen ins hamburgische Zollenspieker sollte man sich auch heute nicht entgehen lassen. Sparen Sie sich die rund 30 Kilometer Umweg zu den nächsten Elbbrücken bei Geesthacht im Osten beziehungsweise über die A1 im Westen, und lassen Sie sich auf der „Hoopter Möwe II" oder der „Spieker Möwe" den Seewind um die Nase wehen. Die Fähren verkehren von März bis November tagsüber im Zehnminutentakt.

Und falls Sie es romantisch mögen: Im alten Pegelhaus bietet das Zollenspieker Fährhaus das kleinste Restaurant der Welt an (auf dem Foto rechts vor der Baumgruppe an der Elbe). Direkt über der Elbe können Sie allein zu zweit ein Vier-Gänge-Menü genießen.

Das Zollenspieker Fährhaus mit Fähranleger (vorne) und Seglerhafen

Wo: Zollenspieker Fährhaus, Vier- und Marschlande, Zollenspieker Hauptdeich 143, 21037 Hamburg-Kirchwerder
Wann: Täglich 11.30–22 Uhr, Küchenzeiten 12–22 Uhr (bei größeren Veranstaltungen kann es zu Abweichungen kommen, am besten vorher anrufen)
Highlights: Motorrad-Schaulaufen bei Sonnenwetter, das kleinste Restaurant der Welt
Infos: Tel. 0 40/79 31 33-0, www.zollenspieker-faehrhaus.de, www.faehre-zollenspieker.de
Anfahrt: Bus 120 ab Hauptbahnhof (ZOB) bis Zollenspieker Fähre

221 Der Osten

Auf der anderen Seite der Elbe: Vom Grasbrook bis ins Alte Land

102 Das Hafenmuseum Hamburg
103 BallinStadt – Das Auswanderermuseum
104 Die Bunthäuser Spitze
105 Der Containerterminal Altenwerder
106 Arp-Schnitger-Orgel in Neuenfelde
107 Prunkpforten im Alten Land

Hafenluft schnuppern in Schuppen 50A
Das Hafenmuseum Hamburg

Im denkmalgeschützten, hundert Jahre alten Schuppen 50A, auf dem letzten aus der Kaiserzeit stammenden Hamburger Kaizungenensemble, ist das Hafenmuseum Hamburg untergebracht, eine Außenstelle des Museums der Arbeit **(58)**, in der es alles rund um die Hafenarbeit und den Wandel des Hafens zu sehen gibt. Auf 2500 Quadratmetern wird eine Vielzahl von Exponaten des Güterumschlags, der Schifffahrt auf der Elbe und des Hamburger Schiffbaus präsentiert. Großobjekte sind auf einer Freifläche südlich vor dem Schuppen zu besichtigen.

Die Hafengeschichte wird durch ehrenamtliche Fachleute vermittelt, die aus ihrer oft langjährigen Berufserfahrung berichten. Aus eigener Anschauung erzählen

Schifffahrtsgeschichte zum Anfassen: das Hafenmuseum in Schuppen 50A

Wo: Kopfbau Schuppen 50A, Australiastraße, 20457 Hamburg-Kleiner Grasbrook
Wann: April bis Ende Oktober Di bis So 10–18 Uhr, 1. Mai geschlossen
Infos: Tel. 0 40/73 09 11 84, www.hafenmuseum-hamburg.de
Eintritt: 5 € (ermäßigt 3,50 €), Kinder bis 18 Jahre frei
Anfahrt: S3, S31 Veddel, von dort Bus 256 bis Australiastraße (Museum) oder 10 Minuten zu Fuß; mit der Barkasse ab St. Pauli-Landungsbrücken, Brücke 10 (www.maritime-circle-line.de), oder Hafenfähre 73 bis Argentinienbrücke, dann mit Bus 256 bis Australiastraße (Museum); mit dem Fahrrad: durch den Alten Elbtunnel, von dort sind es etwa 4 Kilometer, oder über die HafenCity und die Freihafenelbbrücke. Es sind auch ausreichend Parkplätze vorhanden.

und zeigen sie mit großer Leidenschaft, wie früher der Hafen und seine Betriebe funktionierten und wie sich die Hafenarbeit durch die Containerisierung gewandelt hat, wie ein Seeschiff seinen Liegeplatz im Hafen findet, welche Leistung die Verkehrslenkung und die Lotsen bei der Begleitung der Riesenschiffe auf der Elbe erbringen oder wie sich Blütezeit und Niedergang des Hamburger Schiffbaus gestalteten.

Besonders eindrucksvoll sind die Vorführungen an den Wochenenden, zu denen man zum Beispiel Kaikräne oder Van Carrier in Betrieb beobachten kann – unter anderem den ältesten noch funktionsfähigen Portalhubwagen –, mit denen im Hamburger Hafen die Container verladen werden, oder die angeheizten Dampfanlagen und zischenden Dampfmaschinen auf dem Schwimmkran „Saatsee" von 1917 und auf dem Schutensauger „Sauger IV" von 1909 oder die Tauchgänge des Helmtauchers auf den Grund des Hansahafens. Für die notwendige Atemluft für den Taucher sorgen mithilfe einer Hand-

Einer der vielen technischen Leckerbissen: der Schutensauger von 1909

hebelpumpe die Besucher. An der Pontonanlage liegt außerdem die Hamburger Kastenschute „H 11347" von 1913 mit einer Ausstellung zur Ewerführerei. Von den vielen Eindrücken kann man sich anschließend in der historischen, letzten originalen „Kaffeeklappe" erholen, in der sich früher die Hafenarbeiter mit einer warmen Mahlzeit versorgten. Im Museumsladen „Zampelbüdel" kann man sich mit geistiger Nahrung bestücken oder mit hafentypischen Mitbringseln eindecken.

Das Tor zur Welt
BallinStadt – Das Auswanderermuseum

Nur wenige S-Bahn-Minuten vom Hamburger Hauptbahnhof entfernt befindet sich das historische Gelände, wo vor mehr als hundert Jahren Tausende von Auswanderern ihre letzten Stunden auf europäischem Boden verbrachten. Hier auf der Veddel nahmen sie Abschied von der alten Heimat und warteten auf die Abfahrt ins Ungewisse. Sie hatten Sehnsucht nach einer besseren Zukunft, wollten mehr Freiheiten haben oder schlicht ihr Leben retten. Zwischen 1850 und 1939 war Hamburg für über fünf Millionen Emigranten aus ganz Europa das Tor zur Welt. Für diese Menschenströme ließ Albert Ballin, Generaldirektor der Hapag **(4)**, Anfang des 20. Jahrhunderts auf der Elbinsel Veddel eine eigene Stadt errichten, mit Eisenbahnanschluss, Kirchen, einem Musikpavillon, Hotels und Speisesälen.

Was die Emigranten hier erlebten, woher sie kamen und wohin sie gingen, das alles können Besucher seit 2007 in der Auswandererwelt BallinStadt nachvollziehen. Auf dem historischen Boden der ehemaligen Auswandererhallen wird in drei rekonstruierten Pavillons mit modernster Ausstellungstechnik anschaulich gemacht, welche Abenteuer die Menschen auf ihrer Reise in eine neue und unbekannte Welt bestehen mussten.

Und falls Sie selbst Vorfahren haben, die ausgewandert sind, können Sie sich hier im Familienforschungszentrum auf die inter-

Wo: BallinStadt – Das Auswanderermuseum Hamburg, Veddeler Bogen 2, 20539 Hamburg-Veddel
Wann: April bis Oktober täglich 10–18 Uhr, November bis März täglich 10–16.30 Uhr (letzter Einlass eine Stunde vor Schließung)
Highlight: Recherchieren Sie im Familienforschungszentrum kostenlos nach Ihren Vorfahren
Infos: Tel. 0 40/3 19 79 16-0, www.ballinstadt.de
Eintritt: 12 € (ermäßigt 10 €), Kinder von 5–12 Jahren 7 €
Anfahrt: S3, S31 Veddel (BallinStadt); mit dem Schiff ab St. Pauli-Landungsbrücken, Brücke 10 (Infos unter www.maritime-circle-line.de)

Auf der anderen Seite der Elbe

Die BallinStadt – die Auswandererhallen auf der Veddel in Hamburg – war Anfang des 20. Jahrhunderts eine Zwischenstation für die anschließende Fahrt der Auswanderer ins Ungewisse. Im Museum wird am historischen Ort ihre Geschichte anhand vieler original erhaltener Dokumente erzählt.

aktive Suche in den Hamburger Passagierlisten von 1850 bis 1934 begeben und haben zudem Zugriff auf viele weltweit erfasste digitale Datensätze wie zum Beispiel historische Adressbücher. Gehen Sie auf Spurensuche und entdecken Sie Ihre Familiengeschichte.

Mit dem virtuellen Auswandererspiel „Simmigrant" beherbergt die BallinStadt eine Weltneuheit. Während des Spiels wird jeder Besucher vor die Entscheidungen gestellt, die die Auswanderer vor hundert Jahren auch treffen mussten – damals jedoch natürlich ohne das Wissen unserer heutigen Zeit.

Auf der anderen Seite der Elbe

Wo die Elbe sich teilt
Die Bunthäuser Spitze

Das Leuchtfeuer Bunthaus aus dem Jahr 1914 steht an herausragender Stelle: Hier an der Bunthäuser Spitze, im Osten von Wilhelmsburg, teilt sich die Elbe in Norder- und Süderelbe, die sich erst nach rund 15 Kilometern vor Altona wieder zu einem großen Strom vereinen. Vorher umfließen sie gemeinsam Wilhelmsburg, Europas größte bewohnte Flussinsel, auf der Hamburgs kleinster Leuchtturm steht. Das nur knapp sieben Meter hohe Holzgebäude warnte bis 1977 mit seinem Rundumfeuer die Schiffer vor der Teilung des Elbstroms. Anlässlich des 800. Hafengeburtstags 1989 wurde der kleine Turm restauriert und ist heute ein schönes, aber dennoch nicht überlaufenes Ausflugsziel. Von der Freiluftschule Moorwerder läuft man etwa einen Kilometer am Deich vorbei und durch eine Allee, ehe der grüne Turm mit der roten Haube hinter den mächtigen Bäumen auftaucht. Eine steile Treppe führt auf den Ausguck hinauf, von wo man über die fast unberührte Schilflandschaft nach Ochsenwerder im Nordosten und Bullenhausen im Süden schauen kann. Nur bei Hochwasser ist das ehemalige Leuchtfeuer zu Fuß nicht zu erreichen, da der Weg teilweise überschwemmt wird. Und wenn Sie schon einmal hier sind: Machen Sie einen Abstecher in das Naturschutzgebiet Heuckenlock nur wenige Hundert Meter entfernt. Durch die einmalige Lage zwischen Fluss und Land, außerhalb der Deichschutzanlagen, wird der Auenwald mit seinem Süßwasserwatt rund hundert Mal pro Jahr von der Tide überflutet und ist ein Zufluchtsort zahlreicher Pflanzen und Tiere.

Die Bunthäuser Spitze

Wo: Moorwerder Hauptdeich 21, 21109 Hamburg-Wilhelmsburg
Wann: Ganzjährig außer bei Hochwasser
Highlight: Picknick auf dem Leuchtturm
Anfahrt: S3, S31 Wilhelmsburg, von dort Bus 351 bis Moorwerder Kinderheim; Parkplatz an der Freiluftschule Moorwerder, dann 1 Kilometer zu Fuß

229 Auf der anderen Seite der Elbe

Auge in Auge mit den Giganten
Der Containerterminal Altenwerder

Der jüngste und modernste Hamburger Containerterminal wurde im Jahr 2002 in Betrieb genommen. Er befindet sich auf dem Gebiet des ehemaligen Fischerdorfs Altenwerder, das der Hafenerweiterung weichen musste. Die Planer des Terminals hatten den Ehrgeiz, hier die Zukunft des Containerumschlags vorwegzunehmen – mit einer weitgehend automatisierten Anlage, die zudem in direkter Nachbarschaft eines großen Logistikzentrums liegt. Heute ist der Containerterminal Altenwerder eine der modernsten Anlagen weltweit und hat die Erwartungen seiner Erbauer inzwischen weit übertroffen. Seine Besonderheit liegt im weitgehend automatisierten Ablauf aller Be- und Entladungsvorgänge. Die Container der ankommenden Schiffe werden von riesigen Super-Post-Panamax-Containerbrücken (Höhe der Ausleger etwa 110 Meter, Eigengewicht circa 2000 Tonnen!) vom Kranführer an Land bewegt. Herz der Anlage ist ein großer Leitstand, von dem aus alle Terminalprozesse mithilfe der EDV gesteuert werden – darunter auch sämtliche Krane und die vollautomatischen Transportfahrzeuge (AGV = Automatic Guided Vehicle). Gerade bei den ganz großen Schiffen spielt der Terminal mit immer neuen Rekordleistungen seine Stärken aus. Die Anlage wird von der Hamburger Hafen und Logistik AG (HHLA) betrieben und ist einer von insgesamt vier Containerterminals im Hamburger Hafen. Die Eröffnung des ersten Containerterminals durch die HHLA am Burchardkai in Waltershof Mitte 1968 markierte den Start einer neuen Epoche in der Hafenentwicklung. Das Verladen

Wo: HHLA Container Terminal Altenwerder GmbH, Am Ballinkai 1, 21129 Hamburg-Altenwerder
Wann: Ganzjährig
Highlight: Dreistündige Hafentour mit Jasper-Bussen
Infos: www.jasper.de, „Auge in Auge mit den Giganten" (Hafentour); Tel. 0 40/5 33 09-0, www.hhla.de/Altenwerder-CTA.64.0.html
Anfahrt: S3, S31 Wilhelmsburg, von da Bus 151 Altenwerder Querweg

Die modernste Anlage weltweit: der Containerterminal Altenwerder

und der Transport von Stückgut in genormten Behältern – den Containern – haben Schifffahrt und Umschlag seitdem grundlegend revolutioniert. Der Burchardkai wird gegenwärtig modernisiert und ausgebaut, wobei Erfahrungen von Altenwerder einfließen. Die weiteren großen Containerterminals in Hamburg sind: der im Nordwesten Steinwerders gelegene Tollerort-Terminal, der ebenfalls von der HHLA betrieben wird, sowie der in unmittelbarer Nähe zur südlichen Einfahrt zum Elbtunnel gelegene Containerterminal Hamburg von Eurogate, einem Gemeinschaftsunternehmen der Bremer Lagerhaus Gesellschaft (BLG) und dem seit fünf Generationen erfolgreich tätigen Familienunternehmen Eurokai. Mit drei selbst gebauten Schuten wurde das Geschäft 1865 von Cordt Eckelmann eröffnet. Fast hundert Jahre blieb die Hafenschifffahrt das Stammgeschäft der Familie, bis Kurt Eckelmann ab 1961 und sein Sohn Thomas seit Mitte der 1980er-Jahre die Gruppe zusammen mit der BLG zum größten Containerterminalbetreiber ausbauten. Mit seinen vier Terminals ist Hamburg gut auf die ständig steigenden Anforderungen der globalen Warenströme vorbereitet. Das Umschlagtempo muss sich dem gigantischen Größenwachstum der Schiffe anpassen, die heute bereits bis zu 14 000 Standardcontainer hierher transportieren. Schon heute können diese Schiffe Hamburg nicht mehr voll beladen verlassen. Eine umgehende weitere Vertiefung der Fahrrinne ist daher aus Sicht von Reedern, Terminalbetreibern und der Hamburger Politik unumgänglich, wird allerdings von Umweltverbänden auch sehr kritisch diskutiert.

Wo der Meister baute und spielte
Arp-Schnitger-Orgel in Neuenfelde

Das in der Nähe der Este gelegene und zum Alten Land gehörende Neuenfelde besteht aus Marschland mit Deich und Marschhufensiedlung. Typisch für die Region sind die herrlich verzierten Prunkpforten **(107)** und die wunderschönen, von einstigem Wohlstand zeugenden Fachwerkhäuser. Erst im 19. und 20. Jahrhundert wurde der seit dem 14. Jahrhundert bezeugte Obstbau zum vorrangigen Erwerbszweig. Überall im Alten Land ist im April und Mai der Anblick von Millionen blühender Apfel- und Kirschbäume grandios.

Einen kleinen Abstecher wert ist die auf einer Düne gelegene, 1682 erbaute Kirche St. Pankratius in Neuenfelde. Sie beherbergt ein instrumentales Kunstwerk des berühmten Orgelbauers Arp Schnitger, der hier gearbeitet hat und begraben ist. Seine erste Frau Gertrud Otte war die Tochter eines Neuenfelder Obstbauern.

Der vermutlich 1648 geborene, aus einer Tischlerfamilie stammende Arp Schnitger war einer der bedeutendsten Orgelbauer des Hochbarock. Seit dem Beginn des 17. Jahrhunderts waren in Norddeutschland Instrumente auf höchstem handwerklichen und künstlerischen Niveau entstanden. Nirgendwo sonst gab es so viele relativ große Instrumente wie hier. Arp Schnitger baute über hundert Orgeln, wovon nur noch rund dreißig erhalten sind, zum Beispiel in St. Jacobi **(7)**. Sie beeindrucken durch ihre Optik, die Konstruktion und – vor allem – den Klang.

Wo: Organistenweg 7, 21129 Hamburg-Neuenfelde
Wann: Konzerte jeweils am 1. Sonntag der Monate April bis Dezember um 16.30 Uhr
Infos: www.schnitgerorgel.de
Eintritt: Frei
Anfahrt: S3, S31 Neugraben, von dort Bus 257 bis Arp-Schnitger-Stieg, dann circa 10 Minuten zu Fuß bis Arp-Schnitger-Stieg Ende; Bus 150 (Altona–Cranz) bis Neuenfelde, Kirche; Elbfähre Blankenese–Cranz

Die Altländer Kirchen spiegeln – wie die von Neuenfelde – den einstigen Reichtum der Obstbauern wider. Sehenswert ist neben der Arp-Schnitger-Orgel auch der prachtvolle Kanzelaltar in St. Pankratius.

Auf die Bedeutung der 1683 bis 1688 erbauten Orgel in der Neuenfelder St.-Pankratius-Kirche hat auch der Dichter und Orgelbauer Hans Henny Jahnn **(83)** hingewiesen. Mit 34 Registern, von denen noch etwa die Hälfte original erhalten ist, stellt sie Arp Schnitgers größte zweimanualige Orgel dar. Der Orgelprospekt fügt sich harmonisch in den weitgehend einheitlich ausgestatteten hochbarocken Saalbau ein, der unter den barocken Kircheninnenräumen in Norddeutschland seinesgleichen sucht. Besonders sehenswert ist der prachtvolle Kanzelaltar an der Ostwand, der 1688 als ältester Kanzelaltar Norddeutschlands von dem Hamburger Bildschnitzer Christian Precht geschaffen wurde. Erhalten sind auch der Hof des Orgelbauers sowie seine Grabstätte (Steinplatte im Boden der Kirche).

Das Tor zum Hof
Prunkpforten im Alten Land

Das Alte Land südwestlich der Elbe ist eines der beliebtesten Naherholungsgebiete der Hansestädter, zumal sie dafür nicht mal die Stadtgrenzen überqueren müssen: Die Hamburger Stadtteile Cranz, Francop und Neuenfelde bilden den östlichsten Teil dieser Kulturlandschaft in der Elbmarsch. Ein Ausflug lohnt sich aber nicht nur während der Obstbaumblüte. So hat man vom bei Cranz gelegenen modernen Estesperrwerk aus einen einzigartigen Blick auf die weißen Häuser Blankeneses, die sich in den Geesthang schmiegen. Francop ist der einzige Stadtteil mit nur einer einzigen Straße, entlang der sich allerdings prächtige historische Bauernhäuser mit kunstvollen Backsteinverzierungen reihen.

Eine architektonische Besonderheit des Alten Landes sind die sogenannten Prunkpforten. Da die Pforten in Höhe und Breite der Größe moderner landwirtschaftlicher Geräte schon seit Jahren nicht mehr entsprechen, sind allerdings nur wenige Exemplare erhalten geblieben. Besonders viele davon findet man noch in Neuenfelde. Nicht nur standen hier die ersten „Puurten" – so die plattdeutsche Bezeichnung für diese außergewöhnlichen Bauwerke –, auch drei der schönsten renovierten Exemplare schmücken die Einfahrten der Höfe Quast, Palm und Jonas. Der Ursprung der Prunkpforten liegt wohl im 17./18. Jahrhundert, wobei ungeklärt ist, ob eher am Kirchenbau oder am Schiffsbau beteiligte Handwerker diese kunstvollen Arbeiten angefertigt haben. Sicher ist nur, dass sie in jener Zeit als Statussymbole galten und den Wohlstand der Hofbesitzer nach außen repräsentierten.

Wo: Nincoper Straße, 21129 Hamburg-Neuenfelde
Highlight: Am schönsten zur Zeit der Obstblüte
Infos: www.900jahreneuenfelde.de (unter „Drumherum/Altländer ABC")
Anfahrt: S3, S31 Neugraben, von dort Bus 257 bis Marschkamper Deich; Elbfähre Blankenese–Cranz

Gesamtkunstwerk: Hof Palm, ein bestens erhaltenes Bauernhaus mit Prunkpforte in Neuenfelde an der Nincoper Straße

Die einzigartigen Kunstwerke bestehen meist aus einer weiß gestrichenen rundgebogenen Durchfahrt, über der eine pralle Traube als Fruchtbarkeitssymbol prangt. Weiterer Schmuck sind geschnitzte Löwenköpfe – als Torwächter – sowie feinere, bunt abgesetzte Holzschnitzereien über dem seitlichen Durchgang, der „Leute-Pforte". Lateinische Sprüche auf den überdachten Pforten sollen den Bewohnern Glück und Segen bringen.

Auch jedes Altländer Bauernhaus ist etwas Besonderes, weil jeder Besitzer seinen ganzen Ehrgeiz in eine schöne Fassade legte. Bei den Fachwerkbauten fällt vor allem das ungewöhnliche Mauerwerk mit seinen schmalen roten Ziegeln in eigenwilligen Mustern auf. Die Steine sind jeweils weiß verfugt.

Hamburg querbeet

108 Bauausstellung und Gartenschau
109 Die Balkenhol-Figuren
110 Hamburgs Luftschutzbunker erkunden
111 Die Hamburger Weihnachtsmärkte

Der Sprung über die Elbe
Bauausstellung und Gartenschau

Standort der seit 2006 laufenden Internationalen Bauausstellung (IBA) Hamburg sind die Elbinseln Wilhelmsburg und Veddel sowie der Harburger Binnenhafen. Im Sinne des städtebaulichen Leitprojekts „Sprung über die Elbe" rücken so die Stadtteile südlich der Elbe mit ihrer besonderen Mischung von Wohn-, Wirtschafts- und Hafennutzung, von unterschiedlichen Kulturen und Nationen in den Fokus der Hamburger Stadtentwicklung. Im Präsentationsjahr 2013 zeigt die IBA mehr als 60 Projekte zu den Themen „Metrozonen", „Stadt im Klimawandel" und „Kosmopolis" – von einzelnen Bauwerken über ganze Quartiere bis zu stadtteilübergreifenden politischen, kulturellen und sozialen Programmen. Besuchen Sie auf jeden Fall das schwimmende **IBA DOCK** mit Café und Aussichtsterrasse am Müggenburger Zollhafen (S3, S31 Veddel). Dort können Sie sich bei Kaffee und Kuchen einen Überblick über die Themen der Bauausstellung verschaffen. Kernprojekt ist das neu entstehende Quartier **Wilhelmsburg Mitte** (S3, S31 Wilhelmsburg, Bus 13 Hallenbad Wilhelmsburg) mit modernen Arbeits-, Wohn- und Sportstätten und einem Neu-

Wo: Veddel, Wilhelmsburg, Harburg
Wann: IBA ganzjährig, 23. März bis November 2013 Präsentation der fertigen Projekte mit vielfältigem Veranstaltungsprogramm; igs 26. April bis 13. Oktober 2013
Infos: IBA DOCK, Am Zollhafen 12, 20539 Hamburg-Veddel, Tel. 0 40/2 26 22 70, www.iba-hamburg.de; igs-Zentrum, Am Inselpark 1, 21109 Hamburg-Wilhelmsburg, Tel. 0 18 05/04 20 13 (14 Ct./Min. aus dem dt. Festnetz, Mobil max. 42 Ct./Min.), www.igs-hamburg. de (mit online-Kartenvorverkauf)
Anfahrt: Siehe Angaben im Text bei den einzelnen Zielen. In der Ausstellungsphase 2013 zusätzlich IBA-Bus (Do bis Mo 10.30–17.30 Uhr stündliche Rundfahrt ab IBA DOCK über Energiebunker, Wilhelmsburg Mitte, Harburger Binnenhafen, Energieberg; Tagesticket 5 €, Kinder bis 16 Jahre frei) sowie Monorail-Bahn auf dem igs-Gelände.

bau der Stadtentwicklungsbehörde. Hier liegt auch der Inselpark – das Ausstellungsgelände der **Internationalen Gartenschau (igs) Hamburg 2013** mit ihrem Motto „In 80 Gärten um die Welt" und sieben Erlebniswelten, die durch die Kultur-, Klima- und Vegetationszonen der Erde führen – verbunden durch einen 3,4 Kilometer langen Monorail-Rundkurs auf bis zu sechs Meter hohen Stelzen. Im Herzen des Parkgeländes erwartet Sie unter anderem der Rosenboulevard mit knapp 8000 Beet-, Edel- und Strauchrosen. Auch nach Ende der igs locken die Nordwandhalle, eine der größten und modernsten Kletterhallen Deutschlands; das Wälderhaus, wo Sie alles zum Thema Wald und Nachhaltigkeit erfahren, im ökologisch ausgerichteten, aus Holz gebauten „Raphael Hotel" übernachten und im Restaurant „Wilhelms" regionale Köstlichkeiten genießen können; das ehemalige Wilhelmsburger Wasserwerk, das zu einem Highlight der Hamburger Gastronomie mit offener Küche und Galerie, Kanuanleger und Gartencafé umgebaut wurde.

Klettern Sie einmal auf den 30 Meter hohen Wilhelmsburger Flakturm, der im Rahmen der IBA zum **Energiebunker** mit Sonnenkollektoren und riesigem Wasserspeicher umgewidmet wurde, und genießen Sie im Besuchercafé mit umlaufender Außenterrasse die Aussicht bis zum Hafen (Neuhöfer Straße 7, S3, S31 Veddel oder Wilhelmsburg, Bus 13 Veringstraße Mitte).
Einen spektakulären Blick über den Hafen bis zum Michel bietet auch die frühere Mülldeponie Georgswerder, aus der mittlerweile ein öffentlich zugänglicher **Energieberg** mit Windenergie- und Photovoltaikanlage geworden ist (S3, S 31 Veddel, Bus 154 Fiskalische Straße).
Im **Harburger Binnenhafen** wurde unter anderem die Schlossinsel neu gestaltet: Ein sternförmiger Park mit einer Spiel- und Liegewiese wird erschlossen durch eine technisch innovative Fußgängerbrücke über den Lotsekanal und gerahmt von neuen, attraktiven Wohnquartieren mit direktem Zugang zum Wasser (S3, S31 Harburg Rathaus, Bus 153 Kanalplatz).

Kunst auf den zweiten Blick
Die Balkenhol-Figuren

„Oh, guck mal, da steht einer auf dem Wasser!" Mehrere Auffahrunfälle sollen sie schon ausgelöst haben, die vier Männer auf Bojen von Stephan Balkenhol. Unbeeindruckt treiben sie auf der Süderelbe am Finkenrieker Hauptdeich, in der Elbe bei Övelgönne **(42)**, im Bergedorfer Serrahn (Hafen) und auf der Außenalster **(54)**. Jedes Frühjahr werden die sehnsuchtsvoll in die Ferne blickenden Eichenfiguren vom Bildhauer persönlich ausgefeilt wiederhergerichtet. Schick herausgeputzt hat sich auch das bronzene Pärchen am Hühnerposten. Die Frau im roten Minikleid und ihr Partner haben mit ihren ellenlangen Beinen jeden im Blick auf dem Weg in die Zentralbibliothek. Und war da nicht noch …? Ja, genau. Auch vor dem Tierpark Hagenbeck **(76)** steht ein Balkenhol. Aber warum klammert der Mann sich ausgerechnet an den Hals einer

Passt zu Hagenbeck: Balkenhols Mann auf der Giraffe

Giraffe? Wollte er eine bessere Aussicht haben? Musste er sich vor einem hungrigen Löwen in Sicherheit bringen?
Was uns der Künstler mit seinen Figuren sagen will, muss schon jeder für sich selbst herausfinden. Denn der 1957 in Fritzlar geborene Bildhauer, der von 1976 bis 1982 an der Hoch-

---

Wo: Finkenrieker Hauptdeich, Övelgönne, Bergedorfer Serrahn, Außenalster an der Sechslingspforte, Hühnerposten, Ecke Koppelstraße/Lokstedter Grenzstraße
Wann: Ganzjährig
Highlight: Kunst im Alltag

Kunst in der Elbe vor Övelgönne: ein Bojenmann von Balkenhol

schule für bildende Künste in Hamburg studiert hat, will niemandem etwas vorschreiben: „Meine Skulpturen erzählen keine Geschichten. In ihnen versteckt sich etwas Geheimnisvolles. Es ist nicht meine Aufgabe, es zu enthüllen, sondern die des Zuschauers, es zu entdecken." Lassen Sie Ihrer Fantasie also ruhig freien Lauf, wenn Sie am Hühnerposten vorbeikommen, um die Alster joggen, am Strand von Övelgönne stehen oder mit dem Zug die Süderelbe überqueren.

Parallelwelt im Untergrund
Hamburgs Luftschutzbunker erkunden

Manche Relikte aus dem Zweiten Weltkrieg sind im Stadtbild unübersehbar, wie zum Beispiel die riesigen Hochbunker auf dem Heiligengeistfeld (52) und in Wilhelmsburg (108) (sogenannte Flaktürme). Aber den wenigsten ist bekannt, dass auch im Hamburger Untergrund viele der einst über tausend Luftschutzbauten noch existieren, die teilweise in der Zeit des Kalten Kriegs „reaktiviert" wurden, um für den Atomschlag gerüstet zu sein. Einige sind sogar weiterhin als Schutzraum für den Katastrophenfall vorgesehen. Experten vom Verein „Hamburger Unterwelten e.V." führen regelmäßig Besichtigungstouren zu diesen Anlagen durch.

Im 1941–1944 errichteten dreistöckigen Tiefbunker Steintorwall, dem späteren „Atombunker unterm Hauptbahnhof" mit 2700 Plätzen hinter 3,75 Meter starken Betonwänden, bekommen Sie während der circa hundertminütigen Führung einen Eindruck davon, wie das Leben im Schutzraum nach einem Atomangriff gewesen wäre und wie es während der Bombenangriffe des Zweiten Weltkriegs in Hamburgs Bunkern aussah (beides nichts für schwache Nerven!). Weitere Touren führen zu drei Bunkern in Altona: dem sechsstöckigen Hochbunker an der Schomburgstraße 6/8 und dem einstöckigen Tiefbunker Holstenstraße 20a (beide aus dem Zweiten Weltkrieg) sowie dem Schutzraum Louise-Schroeder-Straße 21 aus den 1960er-Jahren.

Tipp: An geeignete Kleidung denken, die Temperaturen liegen in den Bunkern sommers wie winters nur bei etwa 10 °C.

Wo: Zum Beispiel Tiefbunker Steintorwall, Außenwand des Hauptbahnhofs am Steintorwall, rund 30 Meter südlich der Bahnhofsmission gegenüber Karstadt sports, 20099 Hamburg-St. Georg
Wann: Termine bei www.hamburgerunterwelten.de
Infos: Tel. 0 40/20 93 38 54, www.hamburgerunterwelten.de
Eintritt: 5–10 € (ermäßigt 3–7 €); Anmeldung erforderlich; für Kinder unter 8 Jahren ungeeignet

Hamburg querbeet

Schleuse im 1941–1944 errichteten Tiefbunker Steintorwall am Hauptbahnhof

Liegeraum im Tiefbunker Steintorwall. Der Bunker bietet Platz für 2700 Menschen.

Alle Jahre wieder
Die Hamburger Weihnachtsmärkte

Jedes Jahr steht man in Hamburg vor derselben schwierigen Entscheidung: Welche der zahlreichen Weihnachtsmärkte und -basare besuchen? Die ersten starten bereits Mitte November, damit man sich rechtzeitig mit Kränzen, Kerzen und anderen weihnachtlichen Dingen eindecken kann. Besonders beliebt sind dabei die Basare in den skandinavischen Seemannskirchen an der Ditmar-Koel-Straße. Pünktlich zum 1. Advent verwandelt sich die Innenstadt Hamburgs zwischen Hauptbahnhof und Fleetinsel **(13)** in ein einziges großes Weihnachtsdorf mit beleuchteten Tannen und geschmückten Buden an jeder Ecke. Sehr nostalgisch ist der historische Weihnachtsmarkt vor dem Rathaus **(1)**, dessen „Architektur" von Bernhard Paul, dem Direktor von Roncalli, entworfen wurde. Als Überraschung nicht nur für Kinder schwebt hier mehrmals täglich der Weihnachtsmann in seinem Schlitten über den Platz. Wem es draußen trotz Glühwein mit Schuss zu kalt wird, kann sich in zahlreichen Hamburger Museen bei Adventsmessen und Ausstellungen aufwärmen. Ebenfalls überdacht ist der schöne Kunsthandwerkermarkt in der Koppel 66, mitten in St. Georg **(22)**.

Etwas ausgefallener sind die Ü-18-Weihnachtsstände auf dem Spielbudenplatz **(48)** und der Reeperbahn. Mit eigenem Strip-Zelt gilt „Santa Pauli" als die ungezügeltste Messe ganz Hamburgs. Und selbstverständlich gibt es in fast jedem Viertel einen eigenen kleinen Weihnachtsmarkt, auf dem man sich mit seinen Nachbarn trifft.

Infos: www.hamburg-tourism.de/veranstaltungen/advent-weihnachten/weihnachtsmaerkte/

Der historische Weihnachtsmarkt vor dem Hamburger Rathaus. Bernhard Paul, der Direktor des Circus Roncalli, sorgte für die aufwendig dekorierten und extra für Hamburg gebauten Marktstände, die mit Engeln und goldenen Äpfeln geschmückten Weihnachtsbäume und das schmiedeeiserne Eingangstor. Und er stellte Schätze aus dem Roncalli-Museum – wie ein Kinderkarussell aus den 1920er-Jahren, Verkaufswagen aus der Kaiserzeit und das historische Wiener Caféhaus im Jugendstil – zur Verfügung. Dadurch entwickelte sich der erst im Jahr 2000 etablierte Weihnachtsmarkt sehr schnell zu einem Publikumsmagneten für Jung und Alt.

Kurze Geschichte Hamburgs
Chronik
zusammengestellt von Carsten Prange

803/804–811 Siedlungsbeginn um die Hammaburg.

831 Gründung des Erzbistums in Hamburg als Missionszentrum für den Norden durch Kaiser Ludwig mit Ansgar als Bischof.

834 Bau der fränkischen Hammaburg beendet.

845 Überfall durch die Wikinger: Zerstörung des Doms und Plünderung der Siedlung (spätestens ab 858 Wiederaufbau), als Folge Zusammenlegung von Hamburg und Bremen zu einem Erzbistum mit Sitz in Bremen.

Um 1035 Erbauung des ersten steinernen Doms und des Bischofsturms (Reste unter dem Gemeindehaus von St. Petri Ecke Kreuslerstraße/Speersort) durch Erzbischof Bezelin.

Um 1061 Gegenüber der Alsterburg (heutiger Rathausmarkt) Errichtung der Neuen Burg (Nähe Nikolaikirche) durch die Billunger Grafen als Herrscher über Holstein.

1111 Schauenburger Grafen werden Landesherren von Holstein und damit auch von Hamburg.

1188 Besiedlung einer Neustadt am Alsterufer unter Graf Adolf III. von Schauenburg.

1189 Kaiser Friedrich I. Barbarossa verleiht Bewohnern dieser Neustadt Privileg für Handel und Schifffahrt auf der Elbe (heute als „Hafengeburtstag" gefeiert).

1190 Die Trostbrücke verbindet bischöfliche und gräfliche Siedlung.

1195 Aufstauung der Alster zur späteren Außenalster (1235 zweite Aufstauung, Entstehung des Binnenalsterbeckens). Kirche St. Petri erstmals erwähnt, St. Nikolai gegründet.

Um 1220 Aufzeichnung des ersten für die Gesamtstadt gültigen Stadtrechts.

Um 1230 Erste Stadtmauer (etwa rund um die heutige Altstadt).

1248 Baubeginn für den neuen Dom (geweiht 1329).

1290 Baubeginn für das Rathaus an der Trostbrücke.

Um 1300 Bildung der Hanse als Städtebündnis mit Beteiligung Hamburgs.

1356 Matthiae-Mahl des Rates zum ersten Mal erwähnt.

Um 1400 Erfolgreicher Kampf der Hanse gegen die Seeräuber (Klaus Störtebeker).

1420 Eroberung Bergedorfs durch Hamburg und Lübeck, gemeinsame Verwaltung bis 1867.

1460 Die dänische Krone erlangt die Herrschaft über Holstein und damit auch Hamburg.

1510 Der Augsburger Reichstag erklärt Hamburg zur reichsfreien Stadt (bis 1768 rechtlich ungeklärt).

1529 Einführung der Reformation, lutherische Konfession verbindlich für die Stadt.

1558 Gründung der Hamburger Börse (erste in Deutschland).

1611 Gründung des jüdischen Friedhofs an der Königstraße in Altona.

1616–25 Bau einer neuen Stadtbefestigung durch Johan van Valckenburgh, wodurch Hamburg von den Auswirkungen des 30-jährigen Kriegs weitgehend verschont bleibt. Stadterweiterung um das Gebiet der heutigen Neustadt.

1618 Mit der „Wöchentlichen Zeitung" beginnt Hamburg sich als Zentrum gedruckter Medien zu etablieren.

1619 Hamburger Bank gegründet.

1626 Einrichtung der Reeperbahnen am Hamburger Berg vor dem Millerntor.

1664 Verleihung der Stadtrechte an Altona durch König Friedrich III. von Dänemark in Konkurrenz zu Hamburg (mit königlicherseits bewusster Verordnung religiöser Toleranz). Mandat zum Schutz der Alsterschwäne, die als Symbol der Unabhängigkeit der Stadt gelten.

1671 Gründung des Dreibundes der jüdischen Gemeinden Altona, Hamburg und Wandsbek.

1678 Eröffnung der Oper am Gänsemarkt (erste bürgerliche Oper in Deutschland, 1738 geschlossen).

1737 Erste deutsche Freimaurerloge in Hamburg gegründet.

1762 Neubau der Michaeliskirche eingeweiht.

1765 „Hamburgische Gesellschaft zur Förderung der Künste und nützlichen Gewerbe" (Patriotische Gesellschaft) gegründet.

1768 Endgültige Anerkennung Hamburgs als „Kaiserlich Freie Reichsstadt" durch Dänemark.

1778 Gründung der Allgemeinen Versorgungsanstalt mit der ersten Sparkasse in Europa.

Ab 1804 Abriss der Domkirche.

Chronik

1806–1814 Im Zuge der napoleonischen Eroberungskriege Besetzung Hamburgs durch die Franzosen, **1811** Eingliederung Hamburgs in das französische Kaiserreich als Teil des „Departements Elbmündung".

1833 Bewohner der Vorstädte St. Georg und St. Pauli erhalten volles Bürgerrecht.

1839 Gründung des Vereins für Hamburgische Geschichte.

1842 Der Große Brand zerstört weite Teile der Altstadt. In der Folge Verbesserung des Wasserversorgungssystems, Neubau des Rathauses, Anlage der Alsterarkaden, Wiederaufbau der Petrikirche.

1847 Hamburg-Americanische Packetfahrt-Actien-Gesellschaft" (Hapag) gegründet; seit 1856 regelmäßiger Dampferverkehr nach den USA (Auswanderung).

1860 Neue, parlamentarische Hamburger Verfassung. Aufhebung der Torsperre.

1864 Einführung der Gewerbefreiheit, Aufhebung der Zunftbeschränkungen des Handwerks.

1866 Inbetriebnahme des Sandtorkais.

1869 Eröffnung der Kunsthalle.

1871 Einführung der Reichsverfassung in Hamburg.

1877 Gründung der Werft von Blohm + Voss; Eröffnung des Zentralfriedhofs in Ohlsdorf; Eröffnung des Museums für Kunst und Gewerbe am Steintorplatz.

1879 Gründung des Museums für Völkerkunde.

1881 Zollanschlussvertrag zwischen dem Deutschen Reich und Hamburg.

1888 Fertigstellung der Speicherstadt und Eröffnung des Hamburger Freihafens.

1892 Choleraepidemie mit 8605 Toten.

1897 Fertigstellung des neuen Rathauses.

1900 Eröffnung des Deutschen Schauspielhauses.

1901–1907 Hapag errichtet Auswandererstadt auf der Veddel.

1906 Michaeliskirche durch Brand zerstört (bis 1912 wieder aufgebaut). Eröffnung des Hauptbahnhofs.

1907 Eröffnung von Hagenbecks Tierpark; Senat und Bürgerschaft beschließen, die „Sammlung Hamburgischer Alterthümer" als staatliches Museum für Hamburgische Geschichte zu übernehmen.

1908 Eröffnung der Laeiszhalle (Musikhalle).

1909 Mönckebergstraße für den Verkehr freigegeben.

1910 Hamburg wird Millionenstadt.

1911 Einweihung des Alten Elbtunnels.

1912 Inbetriebnahme der Ringstrecke der Hamburger Hochbahn.

1914–1918 Erster Weltkrieg.

1919 Eröffnung der Universität. Gründung des HSV als Zusammenschluss von drei Hamburger Sportvereinen.

1920er-Jahre Wegweisende Reformwohnungsbauten unter Leitung der Architekten Fritz Schumacher in Hamburg und Gustav Oelsner in Altona.

1933 Beginn des nationalsozialistischen Regimes auch in Hamburg.

1937 Groß-Hamburg-Gesetz: Eingemeindung von Altona, Harburg und Wandsbek.

1938 Zerstörung der Synagogen und jüdischen Einrichtungen sowie Geschäfte im Novemberpogrom; Einrichtung des KZs Neuengamme.

1939–1945 Zweiter Weltkrieg.

1941 Beginn der Deportationen „nicht-arischer" Bürger; erste Luftangriffe auf Hamburg.

1943 „Feuersturm" über Hamburg: Bombenangriffe im Rahmen der „Operation Gomorrha".

1945 Kampflose Übergabe Hamburgs an die britische Besatzungsmacht.

1949 Hamburg wird Bundesland in der neuen Bundesrepublik Deutschland.

1962 Große Flutkatastrophe, 314 Tote in Hamburg.

1974 Freigabe der Köhlbrandbrücke für den Verkehr.

1975 Eröffnung des Neuen Elbtunnels.

1996 Einrichtung des Internationalen Seegerichtshofs in Hamburg.

1999/2000 Masterplan zur Realisierung der HafenCity.

2002 Inbetriebnahme des Containerterminals Altenwerder.

2003 Architekturbüro Herzog & de Meuron stellt Entwurf für die Elbphilharmonie vor.

2004 „Queen Mary 2" erstmals in Hamburg.

2005 Der A380 landet auf dem Airbusgelände in Finkenwerder.

2011 Hamburg ist „Umwelthauptstadt Europas".

2013 Internationale Bauausstellung (IBA) und Internationale Gartenschau (igs) in Hamburg.

Register

Admiralitätstraße 36, 37
Adolphsplatz 14
Afrikahaus 28, 58
Allermöhe 215
Allgemeines Krankenhaus
St. Georg 54
Alster 24, 25, 36, 48, 49,
54, 126, 127, 128, 129,
130, 131, 138, 139, 146,
147, 149, 156, 204, 240,
241
Alster, Kleine 16, 56
Alsterarkaden 16, 17, 56,
248
Alsterfleet 16, 36
Alsterhaus 129
Alsterkrugchaussee 150
Alsterpavillon 56
Alstertal 154
Alstertal-Museum 154
Alt-Hamburger Bürgerhaus
(Rest.) 34
Alte Rinderschlachthalle
123
Altengamme 214
Altenwerder 70, 230, 231,
249
Alter Schwede 109
Alter Steinweg 38
Alter Wandrahm 66
Altes Land 88, 140, 185,
188, 190, 232, 234
Althamburgischer Gedächt-
nisfriedhof 152, 153
Altona 73, 100, 102, 103,
112, 114, 122, 133, 153,
160, 166, 228, 242, 247,
249
Altonaer Balkon 24, 160,
161
Altonaer Museum 162, 177,
214
Altonaer Volkspark 168, 169
Altstadt 12, 14, 18, 20, 22,
24, 26, 28, 30, 32, 34, 36,
48, 76, 78, 86, 246, 248
Am Alsterufer 126

Am Ballinkai 230
Am Inselpark 238
Am Kaiserkai 74, 81
Am Sandtorkai 62, 70, 80
Am Zollhafen 238
Amerikanisches General-
konsulat 126
An der Alster 127, 130
Angie's Nightclub 117
Anglo-German Club 127
Antonipark 112
Apotheke zum Ritter St.
Georg 54, 55
Atlantic (Hotel) 127, 129
Auf dem Sande 80
August-Bebel-Straße 210
Außenalster. Siehe Alster
Australiastraße 224

Bäckerbreitergang 39
Bahrenfeld 168
Bahrenfelder Straße 164
Ballindamm 18, 28, 56,
129
BallinStadt 226, 227
Bardowicker Speicher 34
Barmbek 86, 129, 132
Barmbeker Stichkanal 148
Barnerstraße 165
Baron-Voght-Straße 176
Bartelsstraße 122
Baumwall 36, 80, 81, 86
Baurs Park 187
Baurs Weg 187
Beatles 114, 115, 118
Beatles-Denkmal 114
Beatles-Platz 114
Bei den Mühren 76
Bei der Alten Börse 30
Bei der Reitbahn 164
Bei St. Annen 62, 80
Bellevue 126, 127
Bergedorf 202, 204, 205,
206, 208, 210, 211, 247
Bergedorfer Schlossstraße
208
Bergedorfer Serrahn 240

Bergstedt 156
Bergstraße 22
Billbrook 204, 205
Bille 36, 204, 205, 208
Billerhuder Insel 205
Billstedt 204
Billwerder 204, 205
Billwerder Bucht 205
Billwerder Kirche 205
Billwerder Marsch 205
Binnenalster. Siehe Alster
Binnenhafen 79
Bismarckstein 192, 193
Blankenese 88, 183, 184,
185, 186, 187, 188, 190,
191, 192, 194, 196, 234
Blankeneser Bahnhofstraße
189
Blankeneser Hauptstraße
189
Blankeneser Kirche 187
Blankeneser Markt 189
Blaue Brücke 204
Blohm + Voss 89, 112, 248
Bobby Reich (Rest.) 127
Boberg 205
Boberger Dünen 205, 206,
207
Boberger Furt 206
Boberger Niederung. Siehe
Boberger Dünen
Böhmestraße 200
Bornholdts Treppe 189
Botanischer Garten Klein
Flottbek 178, 179
Brabandkanal 148
Brahms-Museum 39
Brahmsallee 142
Brandshofer Schleuse 204
Brandt'sche Säulenvilla 173
Braune Brücke 204
Bucerius Kunst Forum 56
Budge-Palais 126
Bullenhausen 228
Bullenhuser Damm 212
Bunker 121, 238, 239, 242
Bunthäuser Spitze 228

Burchardkai 90, 103, 230, 231
Burchardplatz 26
Business Club Hamburg 163

Café Canale 147
Café Engel 174
Café Gnosa 55
Café Koppel 55
Café Paris 20
Caffamacherreihe 39
Cap San Diego 87, 90
Central Park (Beachclub) 123
Chicagokai 72
Chilehaus 26
Christuskirche (Wandsbek) 200, 201
City Sporthafen 87
Congress Centrum Hamburg (CCH) 46
Cotton-Club 38
Cranz 185, 188, 234
Curslack 213, 214
Curslacker Deich 214
Cuxhaven 90, 105

Dahliengarten 168, 169
Davidstraße 113, 118
Davidwache 113, 116, 117, 118
Deichstraße 34, 35
Deutsch-Japanisches-Zentrum 36
Deutsches Schauspielhaus 248
Dialog im Dunkeln 66, 67
Ditmar-Koel-Straße 244
Dockland 73, 102, 103, 160
Dom (Kirche) 58, 246, 247
Domstraße 58
Dove-Elbe 205, 214
Dragonerstall 39
Dreieinigkeitskirche 54
Duvenstedter Brook 157
Duvenstedter Triftweg 157

Edgar-Engelhard-Kai 73
Eilbekkanal 149
Elbchaussee 162, 163, 174, 176, 180, 182, 187
Elbe 36, 70, 71, 74, 84, 88, 89, 94, 96, 97, 98, 102, 103, 106, 109, 112, 160, 161, 173, 174, 177, 180, 183, 184, 186, 187, 188, 190, 191, 192, 193, 194, 195, 197, 202, 204, 214, 220, 224, 225, 228, 234, 238, 239, 240, 241, 246
Elbphilharmonie 74, 75, 81, 86, 88, 89, 249
Elbphilharmonie Pavillon 74
Elbterrasse 186
Elbtunnel, Alter 87, 89, 96, 97, 249
Elbtunnel, Neuer 231, 249
Ellerntorsbrücke 37
Energieberg 238, 239
Energiebunker 238, 239
Englische Planke 40
Eppendorf 25, 138, 140, 150
Eppendorfer Baum 140
Eppendorfer Landstraße 138
Eppendorfer Moor 150, 151
Eppendorfer Mühlenteich 148
Ernst Barlach Haus 174, 177
estancia steaks (Rest.) 28
Este 232
Eurogate 231
Europa Passage 56

Fabrik (Altona) 165
Fährhausstraße 127
Falkensteiner Ufer 194, 195
Feenteich 127, 146
Fees (Rest., Bar) 45
Feldstraße 121
Felix Jud (Buchhandlung) 17
Ferdinandstraße 18
Feuerschiff 87

Fiete-Schmidt-Anleger 92
Finkenrieker Hauptdeich 240
Finkenwerder 88, 89, 190
Fischauktionshalle 100, 101
Fischereihafen 73, 102
Fischereihafen Restaurant 52, 102
Fischerhaus 188
Fischertwiete 26
Fischmarkt 24, 89, 100, 101, 102
Fleethof 36
Fleetinsel 36, 244
Fleetmarkt 36
Flora, Neue 122
Flora, Rote 122, 123
Flottbek 174
Flottbektal 176, 177
Flughafen 150
Flussschifferkirche 78, 79, 80
Francop 234
Freie Akademie der Künste 182
Fritz-Schumacher-Hof 45
Fuhlsbüttel 150, 212
Fuhlsbüttler Straße 152

Galerie der Gegenwart 48, 49
Gängeviertel 38
Gänsemarkt 247
Gästehaus des Senats 127
Geesthacht 206, 220
Gelbe Brücke 204
Georg-Thielen-Gasse 135
Georgswerder 239
Gertrudenkirchhof 56
Gertrudenstraße 56
Gewürzmuseum 80
Glanz & Gloria (Bar) 117
Glindweg 134
Glockengießerwall 48
Gojenberg 210, 211
Goldbekkanal 129, 134, 138, 146, 148

Gose-Elbe 214
Grasbrook 44
Grasbrookhafen 71
Gretel und Alfons (Kneipe) 115
Grindelberg 142
Grindelhochhäuser 142, 143
Großer Burstah 59
Großer Grasbrook 70, 72
Großheidestraße 134
Großneumarkt 38
Grotiusweg 196
Grüne Brücke 204

Hafen 25, 33, 36, 70, 71, 74, 78, 79, 80, 84, 85, 86, 87, 88, 89, 90, 92, 94, 96, 97, 98, 100, 102, 103, 113, 121, 126, 160, 174, 187, 204, 224, 225, 248
HafenCity 32, 62, 64, 66, 68, 70, 71, 72, 73, 74, 76, 78, 80, 81, 86, 105, 249
Hafengeburtstag 84, 85, 228, 246
Hafenmuseum 133, 224
Hagenbecks Tierpark. Siehe Tierpark Hagenbeck
Hagenbeckstraße 172
Hahnöfersand 197
Halbmond 173
Hallerstraße 142
Hamburg Cruise Center Altona 73, 89, 100, 101
Hamburg Cruise Center HafenCity 72, 73, 81
Hamburger Dom 94, 120, 121
Hamburger Hafen und Logistik AG (HHLA) 62, 80, 230
Hamburger Kunsthalle 23, 48, 49, 152, 180, 248
Hamburger Sternwarte 210, 211
hamburgmuseum 22, 38, 42, 44, 45, 208, 210
Hammaburg 58, 246

Hamm-Süd 204
Hammerbrook 204, 205
Handelshof 55
Handelskammer 14, 59, 86
Hans-Lange-Straße 189
Hans-Leip-Ufer 108
Hansa-Theater 52, 53
Hanseatic Trade Center 80
Hapag-Lloyd AG 18, 19, 28, 56, 129
Harburg 238, 239, 249
Harburger Binnenhafen 238, 239
Harvestehude 33, 140, 142
Harvestehuder Weg 126, 127
Hauptbahnhof 54, 70, 122, 206, 226, 242, 243, 244, 248
Haus für Kunst und Handwerk 54
Hayns Park 138, 139, 147
Heiligengeistbrücke 36
Heiligengeistfeld 120, 121, 242
Heimatmuseum Wandsbek 200
Heine-Haus 162, 173
Heine-Park 162, 163
Heinrich-Hertz-Turm 47
Herr Max (Konditorei) 123
Herrengrabenbrücke 36
Herrengrabenfleet 36
Herrenhaus Godeffroy 182, 183
Hessepark 189
Heuckenlock (NSG) 228
Himmelsleiter 173
Hindenburgpark 173
Hindenburgstraße 136
Hirschpark 173, 182, 183
Hochschule für bildende Künste 240
Hochschule für Musik und Theater 126
Hof Eggers 216, 217
Hofwegkanal 146

Hohe Brücke 78
Hoheluftchaussee 140
Hohenzollernring 173
Holstenstraße 242
Holstenwall 44
Hoopte 220
Hopfenmarkt 32, 58, 59
Hühnerposten 240
Hygieia-Brunnen 12, 59

IBA 238, 239, 249
IBA DOCK 238
igs 238, 239, 249
Inselkanal 148
Inselpark 238, 239
Internationales Maritimes Museum Hamburg 14, 68, 71, 81
Isebekkanal 141, 147
Isemarkt 140, 141
Isestraße 140, 141

Japanischer Garten. Siehe Planten un Blomen
Jarrestadt 134, 135
Jarrestraße 134
Jean-Dolidier-Weg 212
Jenisch Haus 173, 174, 176, 177
Jenischpark 174, 176
Jüdischer Friedhof Königstraße 166, 167, 247
Jungfernstieg 16, 56, 128, 129, 133, 204, 205

Kaemmererufer 146
Kaffeerösterei (Speicherstadt) 80
Kaiserhöft 74
Kaiserkeller (Club) 115
Kaispeicher A 74
Kaispeicher B 68, 71
Kampnagel 134, 146
Kanonenberg 187
Karostar Musikhaus 123
Katharinenhof 187
Katharinenkirchhof 76

Kattunbleiche 202
Kehrwieder 64, 80
Kehrwiederspitze 62
Kehrwiedersteg 78, 79, 80
Kesselhaus 70, 80
Kibbelstegbrücke 80
Kirche des hl. Prokop 172
Kirchsteinbek 205
Kirchwerder 214, 216, 218, 220
Kirchwerder Mühlendamm 216, 218
Kleine Freiheit 114
Kleiner Grasbrook 224
Kleines Jacob, Weinwirtschaft 180
Klopstockstraße 160
Klosterstern 33
Köhlbrandbrücke 33, 160, 161, 249
Königstraße 166
Koppel 54, 244
Koppelstraße 240
Koreastraße 68, 81
Krameramtsstuben 42, 43
Krayenkamp 41, 42
Kreuslerstraße 246
Kreuzfahrtterminal Altona 73, 89, 100, 101
Kreuzfahrtterminal Hafen-City 72, 73, 81
Krugkoppelbrücke 127, 147
KZ-Gedenkstätte Neuengamme 212

Ladage & Oelke 17
Laeiszhalle (Musikhalle) 28, 30, 38, 248
Laeiszhof 30, 31, 58, 143
Lange Reihe 24, 54, 55
Langenzugbrücke 127
Langer Zug 147
Leinpfad 24, 129
Leinpfadkanal 147
Lenzsiedlung 172
Literaturhaus 127, 131
Lockengelöt 119

Loddenallee (Reinbek) 205
Lohbrügge 205, 206
Loki-Schmidt-Garten 178, 179
Lokstedter Grenzstraße 170, 240
Lotsekanal 239
Louis C. Jacob (Rest., Hotel) 173, 180, 181
Louise-Schroeder-Str. 242
Luruper Chaussee 168

Magdeburger Hafen 70
Magellan-Terrassen 70, 74, 80
Marinehof 36
Marktstraße 119
Marschlande. Siehe Vier- und Marschlande
Marseiller Straße 46
Max-Brauer-Allee 123, 160
Mellin-Passage 17
Michaelisbrücke 36
Michel. Siehe St.-Michaelis-Kirche
Millerntor 116, 210, 247
Millerntorstadion 121
Miniatur Wunderland Hamburg 64, 80
Mönckebergstraße 22, 24, 56, 58, 249
Mönkedammfleet 86
Montblanc 122
Moondoo (Club) 115
Moorwerder 228
Moorwerder Hauptdeich 228
MS Hedi (Club) 94
Müggenburger Zollhafen 238
Mühlenberg 182, 183
Mühlenberger Weg 187
Mühlenkampkanal 146
Museum der Arbeit 132, 133, 134, 224
Museum für Hamburgische Geschichte. Siehe hamburgmuseum

Museum für Kunst und Gewerbe 50, 51, 248
Museum für Völkerkunde 144, 145, 248
Museumshafen Oevelgönne 89, 104, 105
Mutter (Kneipe) 123

Naherfurth 146
Nähmaschinenhaus 54
Naturbad Stadtparksee 136, 148
Nebenkanal 147
Neß 58
Neßsand 197
Neuenfelde 232, 233, 234
Neuengamme 212, 214, 215, 249
Neuer Wall 16, 36, 38
Neuerwegsbrücke 80
Neuhöfer Straße 239
Neumühlen 89, 104
Neustadt 16, 36, 40, 42, 44, 58, 90, 128
Neuwerk 202
Niederbaumbrücke 80
Nienstedten 174, 180, 182
Nikolaifleet 30, 31, 34
Nincoper Straße 234
Nobistor 116
Norddeutscher Regatta Verein (NRV) 127
Norderelbe 204, 205, 228, 238
Nordwandhalle 239

Oberbaumbrücke 62
Oberstraße 142
Ochsenwerder 228
Ohlsdorf 152, 153, 248
Ohlsdorfer Friedhof 152, 153, 248
Ohnhorststraße 178
Op'n Bulln 184, 185, 188
Op'n Kamp 189
Orchideenstieg 150
Organistenweg 232

Register

Osdorf 178
Ost-West-Straße 34
Osterbekkanal 129, 132, 133, 134, 146, 147, 148, 149
Othmarschen 96, 104, 106, 108, 174, 176
Ottensen 162, 163, 164, 165
Ottenser Hauptstr. 164, 165
Otto-Stolten-Hof 135
Övelgönne 24, 89, 104, 106, 108, 240, 241

Palmaille 160
Park Fiction 112
Patriotische Gesellschaft (von 1765) 31, 58, 247
Paulaner's (Rest.) 38
Peterstraße 39
Pianoforte Fabrik 122
Plangesche Villa 162, 163, 173
Planetarium 136, 137, 148
Planten un Blomen 46, 47, 179
Poelchaukamp 147
Poppenbüttel 212
Pressehaus 58
PuppenMuseum Falkenstein 196

Queen Mary 2 8, 72, 73, 249
Quellenhof (Rest.) 156

Rademachergang 38
Rathaus 12, 13, 14, 16, 17, 25, 28, 30, 56, 58, 70, 86, 127, 129, 244, 245, 248
Rathaus, Altes 12, 25, 45, 58, 246
Rathaus, Altonaer 160, 173
Rathausmarkt 12, 16, 17, 86, 246
Rathausstraße 20
Rauhes Haus 79

Reeperbahn 112, 114, 115, 244
Reinbek 205
Richard-Dehmel-Straße 193
Rickmer Rickmers 87, 92, 93
Rieck Haus 214, 215
Rieckweg 213
Riepenburger Mühle 218
Rodenbeker Quellental 156
Rodenbeker Straße 156
Rödingsmarkt 86
Römischer Garten 194, 195
Rondeelteich 129, 148
Rosengarten 173
Rosengarten (Planten un Blomen) 46, 47
Rote Brücke 204
Rothenbaumchaussee 144
Rothenburgsort 204
Rotherbaum 144
Rugenberger Hafen 160
Rutsch 190

Sagebiels Fährhaus (Café, Rest.) 186, 188
Samtleben (Buchhandlung) 131
Sandtorhafen 71, 81
Sandtorkai 70, 81, 248
Sautter + Lackmann (Buchhandlung) 36, 37
Schanzenstraße 122
Schanzenviertel 38, 122, 123
Schatto Pauli (Rest.) 117
Schimmelmann-Mausoleum 200, 201
Schlagemihls Treppe 189
Schleusenbrücke 16, 56
Schloss Bergedorf (Museum für Bergedorf und die Vierlande) 208, 209
Schlossinsel (Harburg) 239
Schloßstraße 200
Schlump 86
Schmidt Theater 116, 117

Schmidts TIVOLI 116, 117
Schomburgstraße 242
Schöne Aussicht 126, 127
Schröders Elbpark 108, 173
Schuldts Kaffeegarten 188
Schulten Immenbarg 189
Schulterblatt 122, 123
Schumachers Biergarten 136, 137
Schuppen 50A. Siehe Hafenmuseum
Schwanenwik 127, 131
Sechslingspforte 240
Seemannskirchen 244
Semperstraße 134
Serrahnstraße 204
Skagerrakkanal 148
Speckstraße 39
Speersort 58, 246
Speicherstadt 25, 32, 44, 62, 63, 66, 70, 76, 78, 79, 80, 84, 86, 94, 97, 208, 248
Speicherstadtmuseum 62, 80, 133
Spielbudenplatz 116, 117, 244
Spritzenplatz 164
St. Georg 50, 52, 54, 55, 130, 242, 244, 248
St. Georg (Schiff) 128, 129
St.-Jacobi-Kirche 24, 25, 58, 77, 129, 232
St.-Johannis-Kirche (Curslack) 213
St.-Joseph-Kirche 114
St.-Katharinen-Kirche 76, 77, 80, 129, 239
St.-Michaelis-Kirche 38, 40, 41, 42, 43, 97, 129, 213, 216, 247, 248
St. Nikolai (Mahnmal) 32, 33, 58, 59, 77, 129, 246
St.-Pankratius-Kirche (Neuenfelde) 232, 233
St. Pauli 38, 46, 84, 87, 88, 92, 94, 96, 98, 112, 113,

114, 116, 118, 119, 120, 121, 122, 248
St. Pauli Fischmarkt 112
St. Pauli-Landungsbrücken 65, 81, 84, 87, 88, 89, 92, 93, 94, 96, 98
St. Pauli Museum 118
St. Pauli Theater 53, 116, 117
St.-Petri-Kirche 22, 23, 45, 58, 129, 246, 248
St.-Petri-und-Pauli-Kirche (Bergedorf) 209
Staatsarchiv 202, 203
Stade 190
Stadionstraße 168
Stadthausbrücke 36
Stadtpark 134, 135, 136, 137, 146, 148
Ständige Vertretung 36, 37
Star-Club 115
Steigenberger Hotel 36, 37
Steiler Weg 189
Steindamm 52, 53
Steinstraße 24, 58
Steintorplatz 50, 248
Steintorwall 242
Steinway & Sons 122
Steinwerder 70, 96, 231
Stellingen 170, 172, 182
Sternschanze 122
Sternschanzenpark 122, 123
Stilwerk 73
Stintfang 98, 99
Strandkai 72
Strandperle (Kneipe) 106
Strandweg 184, 185, 188, 190
Stresemannstraße 123
Süderelbe 160, 228, 238, 240, 241
Südring 137
Süllberg 186, 187, 190, 191, 193
Süllberg-Hotel 190
Süllbergsterrasse 188, 190

Süllbergstreppe 188
Süllbergsweg 188
Sven-Simon-Park 197

Telemann-Museum 39
Teufelsbrück 89, 108, 173, 174, 184
The Cube (Café-Rest.) 48
The George Hotel 127, 130
Theater im Hafen Hamburg 87
Tiefbunker Steintorwall 242, 243
Tiefstack 205
Tiergartenstraße 46
Tierpark Hagenbeck 28, 170, 171, 240, 248
Tollerort 231
Traditionsschiffhafen 70, 80, 81
Treppenviertel 184, 186, 187, 188
Trostbrücke 30, 58, 246
TRUDE 132, 133
T.R.U.D.E (Rest.) 133
TUI-Operettenhaus 116, 117
Turnhalle (Rest.) 55

Überseebrücke 87, 90
Überseequartier 71, 72
Uebel & Gefährlich (Club) 121
Uhlenhorst 128, 131
Uhlenhorster Kanal 146
Uhlenhorstkanal 149

Valentinskamp 39
Van-der-Smissen-Str. 73, 103
Vasco-da-Gama-Platz 71
Veddel 226, 227, 238, 239, 248
Veddeler Bogen 226
Vier Jahreszeiten (Hotel) 129
Vier- und Marschlande 59, 213, 214, 216, 220
Vierländerin-Brunnen 59

Volkspark. Siehe Altonaer Volkspark

Wälderhaus (Hotel, Rest.) 239
Waltershof 96, 230
Wandsbek 200, 201, 202, 203, 247, 249
Wandsbeker Markt 200
Wandsbeker Schloss 200
Waseberg 193
Wasserwerk Wilhelmsburg (Rest.) 239
Wedel 24, 203
Weinberg. Siehe Stintfang
Weite Welt (Café) 79
Wellingsbüttel 154
Wellingsbüttler Torhaus 154, 155
Wellingsbüttler Weg 154
Wiesendamm 132, 135
Wilhelms (Rest.) 239
Wilhelmsburg 228, 238, 239, 242
Wilhelmsburg Mitte 238
Willy-Brandt-Straße 32, 34
Winterhude 25, 128, 129, 134, 136, 137
Winterhuder Fährhaus 24, 129, 147
Witthüs 182, 183
Wohldorf-Ohlstedt 157

Zeisehallen 164
Zentralbibliothek 56, 240
Zentralschlachthof 122
Zollenbrücke 30
Zollenspieker 203, 220
Zollenspieker Fährhaus 220
Zollenspieker Hauptdeich 220
Zollkanal 80
Zu den alten Krameramtsstuben (Rest.) 41, 43
Zum Brandanfang (Rest.) 35
Zur Ritze (Kneipe) 118

Impressum

Bibliografische Information der Deutschen Nationalbibliothek
Die Deutsche Nationalbibliothek verzeichnet diese Publikation in der Deutschen Nationalbibliografie; detaillierte bibliografische Daten sind im Internet über http://dnb.d-nb.de abrufbar.

ISBN 978-3-8319-0452-5

© Ellert & Richter Verlag GmbH, Hamburg

2., aktualisierte und überarbeitete Auflage 2013

Dieses Werk einschließlich aller seiner Teile ist urheberrechtlich geschützt. Jede Verwertung außerhalb der engen Grenzen des Urheberrechtsgesetzes ist ohne Zustimmung des Verlages unzulässig und strafbar. Dies gilt insbesondere für Vervielfältigungen, Übersetzungen, Mikroverfilmungen und die Einspeicherung und Verarbeitung in elektronischen Systemen.

Alle Angaben in diesem Stadtführer sind gewissenhaft geprüft. Preise, Öffnungszeiten etc. können sich aber schnell ändern. Daher können Autoren und Verlag keine Gewähr für die Richtigkeit übernehmen.

Für Anregungen, Berichtigungen und Ergänzungsvorschläge sind wir dankbar. Bitte senden Sie diese an:

Ellert & Richter Verlag
Große Brunnenstraße 116
22763 Hamburg

Per Fax: 0 40/39 84 77 23
Per E-Mail:
info@ellert-richter.de

Text und Bildlegenden:
Annette Krüger, Claudia Schneider, Simone Winkens, Hamburg
Lektorat: Annette Krüger, Hamburg
Gestaltung: Büro Brückner + Partner, Bremen
Lithografie: SMS Scheer Medien Service GmbH, Bremen
Kartografie: THAMM Publishing & Service, Bosau
Gesamtherstellung: Offizin Andersen Nexö Leipzig GmbH
www.ellert-richter.de

Bildnachweis
Alle Fotos von Michael Zapf, Hamburg
außer: Umschlag Rückseite u. Mi. + S. 75 Herzog & de Meuron, Basel; S. 13 Heiko Dassow, Griesheim (für Wikipedia); S. 18 akg-images; S. 21 Café Paris, Hamburg; S. 29 Völckers & Cie Immobilien GmbH; S. 37 u. Sautter + Lackmann Fachbuchhandlung; S. 39 + 202/203 Staatsarchiv der Freien und Hansestadt Hamburg; S. 52 Hansa-Theater Hamburg; S. 53 bpk; S. 64 + 65 Miniatur Wunderland Hamburg; S. 95 frauhedi.de; S. 102 Fischereihafen Restaurant, Hamburg; S. 115 Danny Wall; S. 119 Miriam Yousif-Kabota, www.myoka.de; S. 130 The George Hotel, Hamburg; S. 133 Museum der Arbeit, Foto: Susanne Dupont; S. 135 Sammlung Kossak, Hamburg; S. 141 Urs Kluyver, Hamburg; S. 144 +145 Brigitte Saal; S. 157 Gernot Maaß; S. 178 + 179 Botanischer Garten Klein Flottbek; S. 181 bpk/Hamburger Kunsthalle/Elke Walford; S. 196 + 197 Elke Dröscher, Hamburg; S. 233 Egbert Kossak, Hamburg; S. 243 Michael Drägerhof, Hamburger Unterwelten e.V.